厦门大学
哲学社会科学繁荣计划
2011—2021

■ 本书受厦门大学哲学社会科学繁荣计划的资助

厦门大学公共事务学院文库

NON-CONTRIBUTORY
PENSIONS:
Policy Trends and Implications to China

非缴费型养老金
——政策趋势及中国思考

聂爱霞 著

中国社会科学出版社

图书在版编目(CIP)数据

非缴费型养老金:政策趋势及中国思考/聂爱霞著.—北京:中国
社会科学出版社,2020.4

ISBN 978 - 7 - 5203 - 6091 - 3

Ⅰ.①非… Ⅱ.①聂… Ⅲ.①退休金—劳动制度—研究—中国
Ⅳ.①F249.213.4

中国版本图书馆 CIP 数据核字（2020）第 036759 号

出 版 人	赵剑英
责任编辑	孔继萍
责任校对	沈丁晨
责任印制	郝美娜

出　　版	中国社会科学出版社
社　　址	北京鼓楼西大街甲 158 号
邮　　编	100720
网　　址	http://www.csspw.cn
发 行 部	010 - 84083685
门 市 部	010 - 84029450
经　　销	新华书店及其他书店

印刷装订	北京市十月印刷有限公司
版　　次	2020 年 4 月第 1 版
印　　次	2020 年 4 月第 1 次印刷

开　　本	710 × 1000　1/16
印　　张	14
字　　数	201 千字
定　　价	78.00 元

凡购买中国社会科学出版社图书,如有质量问题请与本社营销中心联系调换
电话:010 - 84083683

厦门大学公共事务学院文库

编 委 会

（由学院学术委员会成员组成）

主 编　陈振明

编 委　朱仁显　李明欢　陈炳辉　卓　越

　　　　胡　荣　黄新华

总　序

　　公共事务是一个涉及众多学科的重大理论与实践领域，既是政治学与行政学（或公共管理学）的研究对象，也是法学、社会学和经济学等学科研究的题中之义。公共事务研究是国家的一个重大战略要求领域。随着全球化、市场化、信息化以及数据化、网络化和智能化时代的来临，当代国内外公共事务的理论和实践都发生了深刻变化；我国改革开放和现代化建设亟须公共事务及其管理的创新研究。党的十八届三中、四中全会分别做出了《中共中央关于全面深化改革若干重大问题的决定》和《中共中央关于全面推进依法治国若干重大问题的决定》，提出了"推进国家治理体系和治理能力现代化"以及依法治国的改革总目标。

　　全面深化改革，国家治理现代化，依法治国，决策的科学化民主化，都迫切需要公共事务和管理理论的指导及其知识的更广泛应用。这为中国公共事务研究提供了前所未有的发展机遇。改革与发展中的大量公共管理与公共政策问题需要系统研究，国家治理的实践及其经验需要及时总结。新形势要求我们迅速改变公共事务及其管理研究滞后于实践发展的局面，推动中国公共事务及其管理的理论创新，以适应迅速变化着的实践发展需要。这是我们继续出版《厦门大学公共事务学院文库》这套丛书的初衷。

　　厦门大学政治学、行政学和社会学学科具有悠久的历史。早在20世纪20年代中期,我校就设立了相关的系科,中间几经调整分合及停办。20世纪80年代中期,作为国内首批恢复政治学与行政学学科的重点综合性大学之一,我校复办政治系,不久更名为"政治学与行政学系",随后社会学系也复办了。2003年,由我校的政治学与行政学系、社会学系和人口研究所三个单位组建了公共事务学院,2012年学校又批准成立了公共政策研究院。

　　经过三十年的发展,我校的公共管理与公共政策、政治学和社会学等学科已经取得了长足的发展,迈进了国内相关学科的前列。学院及研究院拥有公共管理、政治学两个一级学科博士点和博士后科研流动站,人口、资源与环境经济学二级学科博士点(国家级重点学科),社会学二级博士点和博士后科研流动站,公共管理硕士(MPA)和社会工作两个专业学位,"行政管理"国家级特色专业,公共管理、政治学和社会学3个福建省重点学科,厦门大学"985工程"及一流学科建设项目——公共管理重点学科建设平台,福建省2011协同创新中心——"公共政策与地方治理协同创新中心",福建省文科重点研究基地——"厦门大学公共政策与政府创新研究中心"和福建省人文社科研究基地——"厦门大学公共服务质量研究中心"以及多个人才创新或教学团队。此外,学院还建立了设备先进的公共政策实验室。

　　本学院及研究院已形成一支包括多名教育部"长江学者"特聘教授或讲座教授及中组部"万人计划"人才在内的以中青年教师为主、专业结构比较合理、创新能力较强的人才团队,并形成了包括公共管理理论、公共政策分析、政府改革与治理、公共服务及其管理、公共部门绩效管理、人才发展战略、社会管理及社会保障、国家学说、新政治经济学、政治社会学、社会性别与公共事务在内的多个有特色和优势的研究领域或方向。

　　作为厦门大学公共事务学院和公共政策研究院以及"厦门大学

哲学社会科学繁荣计划"和 2011 省级协创中心等项目或平台的研究成果，《厦门大学公共事务学院文库》围绕公共事务及其管理这一核心，遴选我院教师的各种项目研究成果以及优秀博士论文汇集出版，旨在显示近年来我院公共事务及相关学科的研究进展，加强与国内外学界的交流，推进我国公共事务及相关学科的理论创新与知识应用。

陈振明

于 2016 年 8 月 28 日

摘　要

　　养老保障制度作为社会保障制度中最重要的一个构成部分，与一个国家的社会稳定、经济发展息息相关，是各国政府和人们普遍关注的话题。世界上第一个强制性的国家养老保险制度 1889 年在德国建立，经过了一百多年的发展，过多地强调缴费型养老保险的作用，相信养老保险制度依靠先进的精算制度，能够满足人们的养老需求。但是实践表明以缴费型为主体的基本养老保险制度无论多么发达，无论覆盖面如何广，都不可能真正实现无一遗漏的全覆盖，因为社会上总是至少存在两个能力不同的主要群体，即终生贫困者和非正规部门工人。1. 终生贫困者。他们几乎不持续参与正规部门的活动，劳动力是他们的主要资产，因为太穷不能为退休储蓄，当他们年老不能全职工作时，它们将变得很脆弱。2. 非正规部门工人。非正规部门工人中很多人本可以参加缴费型养老金制度，但由于各种原因没有参加，他们工作时并不贫困，当他们退休时则可能变得非常贫困。3. 正规部门工人。他们在定义上都必须参加正式养老金制度，其中某些人可能工作记录不充分，从而导致他们没有资格领取哪怕是最低的养老金[1]。人们开始意识到缴费型

---

　　[1] ［奥］罗伯特·霍尔茨曼、理查德·欣茨：《21 世纪的老年收入保障：养老金制度改革国际比较》，郑秉文等译，中国劳动社会保障出版社 2006 年版，第 87—88 页。

养老金制度存在操作费用高、覆盖面窄、转轨成本消化难等诸多问题,非缴费型养老金制度在扩大覆盖面、降低老年群体贫困率上的显著效果使人们找到了养老金制度改革的出路。

非缴费型养老金制度无须缴费、不用考虑计划内成员的收入状况和职业类型,能够为计划内所有居民在年老时提供基本或最低水平的收入保障。世界银行在 2005 年的研究报告中,将非缴费型养老保障计划作为五支柱养老金模式中的"零支柱"向全世界推广。"零支柱"养老金是世界银行养老金模型中的基础层,是许多国家保障低收入群体退休后基本生活的参考依据,其主要目标是缓解老年贫困,保障老年人最低生活。目前全世界 192 个国家和地区(ILO,2017)建立了不同类型的养老保险制度,其中有 113 个(截至 2015 年)国家和地区均建立起非缴费型养老金制度,发达国家已全部建立了完善且形式多样的"零支柱"养老金制度,一些发展中国家也建立了能满足全体老年人最低生活需求的公共养老金制度。非缴费型养老金能够更有效地针对终生贫困者,以及那些到老年没有足够资源或没有资格领取正式养老金的非正规或正规部门的工人,它可以通过提高穷人的收入而减少贫困[①]。

改革开放 40 年来,我国养老保险制度建设取得了突飞猛进的发展,保障水平连续 14 年不断提升,有效化解了人民群众的老年经济风险,确保他们切实享受到经济发展成果。截至 2018 年 4 月,基本养老保险覆盖超过 9.2 亿人,占全国人口的 85% 以上,是世界上最大的单项养老金计划,但是也要客观清醒地看到我们的养老保险制度的发展不平衡、不充分的状况还很明显,与人民群众日益增长的美好生活需要和国家治理现代化的目标还有较大

---

① Dodlova, M., Giolbas, A. and Lay, J., "Non-contributory Social Transfer Programs in Developing Countries: A New Dataset and Research Agenda", *Data Brief*, No. 16 (c), 2016, pp. 51 –64.

差距。

　　一方面，我国已进入人口老龄化快速发展时期，目前老年人口超过 2.4 亿。老年人由于生理机能的退化，适应和调整能力的下降及社会参与的减少，容易沦为贫困阶层。而当前我国基本养老保险制度和最低生活保障制度保障有限。从我国基本养老保险制度看，我国当前的三层次养老保险制度均为缴费型制度，且基本养老保险制度是在传统工业发展的基础上，主要基于正规就业形式建立的，与当时的社会经济形态相适应，而正是这种建立在就业稳定以及缴费连续背景下的模式，严重缺乏了对于非正规就业群体的支持。就目前我国养老保险体系极大依赖第一层次基本养老保险制度而言，低收入群体因无力缴费将被排斥在参保门槛之外。庞大社会底层群体，他们的基本养老保障水平不高，他们根本没有条件和能力参加第二、第三层次的养老保险。在人口老龄化不断加重的情况下，社会上一些老年低收入者、残疾人等弱势群体由于养老金待遇不足将存在陷入贫困的巨大风险，相比之下，发达国家虽然为了人口老龄化而促进和发展的自愿参保的积累制养老金，但是这些积累制养老金的发展都是在建立已有充实的、覆盖全体国民的、防止老年贫困的（最低）养老金制度的基础之上。

　　另一方面，我国养老保险制度"各行其是"，构成复杂，制度运行模式多种多样，存在人群分割、地区分割、城乡分割的状况，保障模式的不同导致了资金筹集方式不同、保障模式和待遇水平不同，也缺乏应有的衔接，妨碍了不同行业间、城乡间人口的正常流动，不能很好地体现社会保险互助共济的功能。"碎片化"的养老金制度不仅浪费了大量公共管理资源，也不利于形成统一的劳动力市场，还会影响到整个社会的公平公正及安定和谐的发展。

　　当务之急，应以底线公平为价值理念，基于城乡二元结构和收入差距较大的社会现实,借鉴国际上具有"解贫"功能的非缴费型养老金制度建设和改革成功经验,建立由政府承担兜底责任、水平适度、人人都能享受的非缴费型养老金制度,不仅可破解养老保险制度面临的扩面难题、预防断保现象的发生,可以覆盖所有老年群体,消除歧视、为任何原因陷入贫困的人口提供养老保障,又将结束现有制度的碎片化,能够让老年人分享国家经济和社会发展的成果,也对实现党和政府对人民庄严承诺的"老有所养"的社会保障目标具有重要作用。

本专著首先回顾了有关非缴费型养老金制度的概念及相关理论,梳理了世界非缴费型养老金制度的理论研究与实践发展,分析了非缴费型养老金制度的特点及经验,为构建我国非缴费型养老金制度提供了理论基础和经验启示;其次通过回顾我国养老金制度变迁的过程,分析制度在发展过程中显现出的制度缺陷与不足等问题,提出了构建我国非缴费型制度的紧迫性、必要性和可行性;最后详细介绍我国非缴费型养老金制度的总体框架及其资金来源保障等。同时根据国际测算模型,对未来50年我国构建非缴费型养老金制度所需资金进行了测算。

本专著的创新之处在于:

1. 理论方面的创新。在本书研究中,整合了社会学、经济学和管理学等学科的研究方法,将国际上非缴费养老金制度的改革经验及分析模型予以本土化修正,尝试以联合国的数据为基础,通过构建经济模型,对未来50年我国建立非缴费型养老金制度所需财务成本进行了测算。

2. 应用方面的创新。我国当前的养老保障制度最不公平之处是缺乏具有底线公平的养老金制度。当务之急,有必要借鉴国际经验建立非缴费型养老金制度。深入分析我国基本养老保障改革和发展的缺陷,总结当前我国的高龄津贴、护理津贴以及城乡居民养老保险的基础养老保险等非缴费养老金制度试点经验,从而通过制度设计和创新，尝试构建非缴费养老金制度，这对于实现党的十九大提出的全面建成覆盖全民、城乡统筹、权责清晰、保障适度、可持续的多层次社会保障体系，满足人民日益增长的美好生活需要的目标，具有重要的现实意义。

关键词：非缴费型养老金；国际经验；中国思考

目　录

第一章 绪论

第一节 研究背景和意义

人口老龄化是一个全球性问题，无论是发达国家还是发展中国家，都不同程度地面临着人口老龄化的挑战。据联合国统计数据显示，2015 年全世界 60 周岁及以上人口为 9.01 亿人，占世界总人口的 12.3%，60 周岁及以上人口正以每年 3.26% 的速度增长，到 2030 年将达到 14 亿人，2050 年将达到 21 亿人，占世界总人口的比例将上升至 21.5%，全球约 80% 的国家将进入老龄化社会①，而且到那时，全世界 80% 的老人将生活在中低收入国家（世界银行，2016）。为了保证所有老年群体能够获得一定的养老金收入以安享晚年，各国政府纷纷建立养老金制度，但绝大多数是以缴费型养老金制度为主。

从世界范围来看，尽管缴费型养老金制度历经一百多年的改革、发展和完善，基本上能够为老年群体提供基本的收入保障，但因为该制度将养老金领取资格与以前的缴费或工作历史联系起来，被证明很难满足非正规劳动力市场经济的需要（Dethier，2007；Galiani

---

① Department of Economic and Social Affairs, Population Division, United Nations, *World Population Prospects：The 2015 Revision，Key Findings and Advance Tables*，Working Paper No. ESA/P/WP. 241，United Nations，2015，pp. 1 – 59.

and Weinschelbaum, 2012；Palacios & Sluchynsky, 2006；Willmore, 2007)①。特别是随着人口老龄化加速、劳动力市场变化（正规就业减少，非正规就业增加）、经济增长缓慢（失业人数增多，养老保险缴费人数减少），缴费型养老金制度的压力不断增大。无论是从扩大养老金制度覆盖范围、保障老年收入，还是从减贫效果等方面来看，缴费型养老金制度都具有不可克服的缺点。而此前一直处于默默无闻状态的非缴费型养老金制度因为在毛里求斯、巴西、智利、南非等国的实践证明了其在扩大覆盖面、减少贫困、增进社会公平和福利等方面具有较大的优势，而重新获得一些重要组织和机构的认可（OECD、UNDP、ILO、World Bank、Help Age International 等），并在这些组织和机构的推动下，迅速发展起来，截至 2015 年年底，全球已有 113 个国家和地区建立了非缴费型养老金制度。

最有代表的是在总结若干国家实践经验的基础上，世界银行于 2005 年出版了一部重要报告——《21 世纪的老年收入保障——养老金制度改革国际比较》，该报告提出了一个重要思想，即扩展养老金三支柱的思想，进而提出了五支柱的概念和建议。世界银行认为任何完整的退休养老金制度都应提供最低水平保障的非缴费型"零支柱"。②非缴费型"零支柱"养老金制度是世界银行养老金模型中的基础层，旨在缓解老年贫困，保障老年群体最低生活，是公共养老金体系的基础环节，该制度自提出以来，在世界各国广泛应用。在运用过程中，不同国家根据自身的实际情况赋予"零支柱"不同的名称。

---

① Department, Social Protection, International Labour Office, "World Social Protection Report 2014/15 – Building Economic Recovery, Inclusive Development and Social Justice." *Working Papers*, 2014, p. 73.

② 上海市老年学学会编：《2009：老年学论坛文集——青年学者专集》，上海锦绣文章出版社 2009 年版，第 564 页。

国际劳工组织（以下简称 ILO，2017）研究发现，发展中国家建立非缴费型养老金制度的数量呈现显著激增趋势，尤其是一些国家存在很高的非正规就业群体，这些国家成功地引入非缴费型养老金制度作为老年群体收入保障的底线。[①]

无论是基于学理还是国际经验，政府举办的公共养老金制度应当实行统一制度、统一政策、统一管理，这既符合国民养老金基本权益的公平原则，也符合制度运行的效率原则。[②] 人人老有所养，是国家发展的重要民生目标，也是我国到 2020 年实现人人享有社会保障十分重要的衡量指标。国内外的理论研究和实践表明，以缴费型为主体的基本养老保险制度无论多么发达，无论覆盖面如何广，都不可能真正实现无一遗漏的全覆盖，因为总会有些人由于各种原因被遗漏或者被排斥在制度之外。在我国现阶段更是如此，大量年逾 60 周岁的城乡老年人并未被任何养老保险制度覆盖，他们不可能再通过缴费型养老保险制度来解决养老金来源问题，而他们中的一部分人又确实需要有养老金才能维持其相应的老年生活，人均预期寿命的持续延长，使这一部分老年人对老年收入保障的需求更加迫切。同时，即使是现在的中青年人，也可能因为自我雇用、灵活就业、失业、病残等多种原因而未能参加基本养老保险制度，对于这样一部分人，不可能违反基本养老保险制度权利与义务结合原则，将其纳入基本养老保险制度，而是需要另行设计相应的制度安排，帮助他们解决老有所养的问题。[③]

---

① Department, Social Protection, International Labour Office, *World Social Protection Report 2017 – 19：Universal Social Protection to Achieve the Sustainable Development Goals*，2017，p. 75.

② 何文炯：《基本养老金：全国统筹与制度完善》，《中国社会保障》2018 年第 1 期。

③ 上海市老年学学会：《2009：老年学论坛文集——青年学者专集》，上海锦绣文章出版社 2009 年版，第 565 页。

作为世界上最大的发展中国家之一，中国面临着前所未有的人口老龄化问题。第一，中国是老龄人口规模最大的国家。据全国老龄办数据，截至2017年年底，我国60周岁及以上老年人口有2.41亿人，占总人口的17.3%。第二，中国是老龄化速度最快的国家。从成年型社会到老龄化社会，法国用了115年，美国用了60年，日本也用了30多年，而中国只用了18年。目前中国每年老年人口的增长率在3.5%左右。第三，"未富先老"，发达国家在进入老龄化社会时，人均GDP在5000—10000美元，而这个数据在1999年年底的中国仅为850美元。[①]第四，在中国，人口老龄化所伴随的经济、社会的变迁，包括家庭结构、代际关系变化、传统孝道的没落等，减弱了传统意义上老年人和子女的纽带，造成"空巢"老人、独居老人和农村留守老人家庭增多，加剧了人口老龄化和老年贫困问题的复杂性。无论从绝对贫困还是相对贫困来看，老年群体都是属于弱势群体，因此，在我国老年保障有着更为迫切的现实意义。

然而，我国当前的养老保障制度并不完善，养老保障制度呈现严重的制度分割和碎片化，覆盖面有限，保障力度低。目前制度主要覆盖的是城市中正规就业的群体，而非灵活就业人员、农民工、残疾人等弱势群体，虽然城乡居民养老保险一定程度上弥补了制度的不足，但是补贴标准低，参保积极性不高，尤其对农村老人而言，土地和家庭保障功能的弱化，未来将可能导致更多的老年贫困。2008年我国民政部提出的"有条件的地区可建立困难老人、高龄老人津贴制度"，可以看出我国的高龄津贴制度具备了非缴费型养老金制度的雏形，但距离真正意义上的非缴费型养老金制度还有一定距离。

---

① 韩维正：《今天，我们如何养老》，《人民日报》（海外版）2018年7月9日第5版。

目前中国虽跃居为世界第二大经济体，但人均收入水平还远低于世界平均水平，甚至低于非洲一些国家。1968 年，日本 GDP 超过 1000 亿美元，超越西德成为全球第二大经济体，当时日本人均 GDP 超过 1000 美元，人均 GDP 排在世界第 20 位。2010 年 8 月，商务部在新闻发布会上表示中国人均 GDP 仅为 3800 美元，在全球排名第 105 位。此外，与 2010 年经济增长强劲的巴西、俄罗斯等国相比，中国的人均 GDP 也相对落后。根据世界银行统计数据，巴西 2009 年的人均 GDP 为 8121 美元，俄罗斯 2009 年的人均 GDP 为 8684 美元。2017 年，在金砖五国中，中国以 12.238 万亿美元的 GDP 总量稳居第一。第二位为印度，GDP 总量达到了 2.597 万亿美元。第三位为巴西，GDP 总量约为 2.0555 万亿美元。第四位为俄罗斯，GDP 总量约为 1.58 万亿美元。最后为南非，GDP 总量接近 3500 亿美元。虽然中国 GDP 总量远超其他四国，但在人均 GDP 上稍显落后。世界银行公开的数据显示，2017 年俄罗斯以人均 GDP 约 1.07 万美元拔得头筹。第二是巴西，人均 GDP 约为 9820 美元。第三是中国，人均 GDP 约为 8900 美元。第四是南非，人均 GDP 接近 6200 美元。第五是印度，人均 GDP 不到 2000 美元。

最为重要的是，中国还是一个发展极不平衡的国家，地区之间、城乡之间、职业群体之间存在极大差异。这种社会经济结构决定了在构建多层次养老保障体系的同时，应以底线公平为价值理念，打破身份界限，建立起中央统筹的，一种覆盖全体国民、体现公平同时政府财政责任到位的、水平适度的非缴费型养老金制度，以保障那些低收入和社会弱势群体的基本生活。而当前我国着力构建的多层次养老保障体系，从其内涵来看，着力构建的核心在于养老保险而非养老保障，忽视了面向全体国民、维护底线公平、具有兜底作用的非缴费型养老金制度。

在我国养老保险制度改革困难重重的背景下，非缴费型养老金体系的提出无疑为我国养老保险制度的改革提供了较好的借鉴思路。本专著试图通过论述世界非缴费型养老金的发展概况和运行机制，以及部分国家的实践，结合我国实际情况，总结我国养老保险改革实践中积累的经验和所遇到的问题，对我国构建非缴费型养老金制度进行深层次探讨研究。

第二节　主要内容和研究思路

一　主要内容

本专著在梳理国内外相关非缴费型养老金理论及实践的基础上，以底线公平理念为指导，以期打破地区利益、群体利益固化，建立起一种覆盖全体国民、体现公平同时政府财政责任到位的、水平适度的非缴费型养老金制度，主要内容安排如下：

1. 文献综述。这是研究的理论起点，该部分详细梳理了国际组织、国内外专家学者对非缴费型养老金制度研究文献，总结相关研究经验。

2. 相关概念的界定及理论基础。首先介绍了非缴费型养老金的定义、特点及与其他类型养老金的联系与区别，其次是建立非缴费型养老金制度的理论依据，最后分析了建立非缴费型养老金制度的约束条件。

3. 国际非缴费型养老金制度发展趋势及启示。利用相关数据库，分析了1891—2015年113个国家和地区的非缴费型养老金制度的发展趋势、区域分布、待遇水平、成本等问题，探寻国际上非缴费型养老金制度建立和改革的动因并总结经验。

4. 我国养老保险制度变迁及现状分析。主要分析了我国养老保险制度发展历程、现行制度存在的问题以及我国养老保险制度在全球中的排名情况。

5. 分析了我国非缴费型养老金制度的历史与发展现状。主要阐述了改革开放前的国家型养老保障制度以及当前我国的各种非缴费型的老年津贴。

6. 我国引入非缴费型养老金制度的必要性和可行性分析。从社会保障的基本价值理论、就业方式和结构的改变、家庭和土地功能的弱化、人口老龄化及老年贫困问题严重等方面论述了建立非缴费型养老金制度的必要性，并从经济条件、财政基础等角度论述了构建该制度的可行性。

7. 非缴费型养老金制度在中国的构建。从制度覆盖的资格年龄、待遇水平和所需成本等方面来阐述，并对未来 50 年所需资金进行了测算。在充分借鉴国外尤其是发展中国家非缴费型养老金制度的改革经验，建议将我国当前所有财政支付的养老金合并为一个针对全国 60 周岁以上的所有老人的、标准统一、水平适度的普惠式非缴费型养老金制度，并以此为契机，整合我国的三层次养老金制度。

8. 结论与思考。非缴费型养老金制度简单但不失公平，无差异地覆盖全体城乡居民和职工，符合公平共享的理念，应该作为未来多层次养老保障制度的一个重要部分，这既有助于弥补当前城乡居民养老保险制度的不足，同时将带来一定比例的收入替代率，也为基本养老保险的缴费率下调释放了空间。

二　研究方法

1. 文献分析。通过整理国内外相关文献与研究成果，了解非缴费型养老金制度国际发展趋势并进行总结归纳。

2. 比较分析方法。深入研究了 113 个国家和地区的非缴费型养老金制度，通过对其发展概况、制度运行机制及运行效果的全面分析，对非缴费型养老金制度有了全面深入了解，在比较的基础上得出对我国可供借鉴的经验。

3. 统计分析。除了主要依靠文献的理论研究之外，本专著还尝试以国际劳工组织、国际助老会等相关数据库，通过构建经济学模型，对我国未来50年建立非缴费型养老金制度的所需财政投入进行了预测。

第二章 文献综述

第一节 国外研究进展

本专著通过梳理文献，发现国外的研究主要集中在以下几个方面：

一 非缴费型养老金制度实施条件研究

（一）可负担性和可行性研究

可负担性（affordability）和可行性（feasibility）是实施非缴费型养老金制度需要考虑的重要因素（Gorman，2005）。已有的研究表明，大部分的发展中国家能够以低于 GDP 3% 的财政支出来维持该项目（Willmore，2001；Barrientos & Lloyd-Sherlock，2003；Mc Kirmon，2005）。例如，尼泊尔的人均 GDP 尽管仅为 233 美元，属于贫穷国家（United Nations，2005），但也能负担普惠式的非缴费型养老金的支出，其财政支出占 GDP 的比重不到 1%，成为许多老年群体最主要的经济来源（Gorman，2004；Willmore，2007）；纳米比亚现行的非缴费型养老金制度减少了上百万群众的贫困发生率，但财政支出占比不到 GDP 的 2%（Help Age International，2004）；印度的家计调查式养老金制度占印度 GDP 的比重不到

0.25%。非缴费型养老金所需成本会随着人口的增长而增长,但是只要人均 GDP 的增长高于人口的增长,项目花费占 GDP 的比重就不会上升(Willmore, 2001)。

很多学者认为非缴费型养老金制度的实行需要有充足的财政做保障,质疑低收入国家无法负担,但也有大量学者从非洲、亚洲和拉丁美洲的实践中证明普惠式的非缴费型养老金制度在低收入国家是可负担的,具有可行性[①]。Hagemejer(2009)研究亚洲和撒哈拉以南非洲的 12 个国家,发现提供一个普遍的覆盖 65 周岁以上人群,水平为人均 GDP 的 30%,所需成本为 GDP 的 0.6%—1.5%[②]。国际劳工组织测算表明,在部分撒哈拉以南非洲国家实行一项基本的非缴费型养老金制度的财务成本仅占 GDP 的 1%[③]。也有学者以 50 个中低收入国家为例,利用 2010 年联合国的数据,以养老金水平占人均 GDP 的 20% 为待遇水平,测算表明若领取年龄为 60 周岁,2010 年大部分国家所需成本小于 GDP 的 1.5%,只有 7 个国家超过 2%:萨尔瓦多、哈萨克斯坦、特立尼达和多巴哥、牙买加、泰国、斯里兰卡和中国,而只有 2 个国家(中国和斯里兰卡)的成本占 GDP 的 2.5% 以上。如果申请资格年龄是 65 周岁,只有 5 个国家(萨尔瓦多、牙买加、泰国、斯里兰卡、中国)所需资金超过 GDP 的 1.5%。如果资格年龄为 70 周岁及以上,占 GDP 的比重多不超过 1%(Knox-Vydmanov, 2011)。

[①] Pal, K., et al., "Can Low Income Countries Afford Basic Social Protection? First Results of a Modelling Exercise", *Social Science Electronic Publishing*, No. 1, 2005, pp. 529 – 534.

[②] Behrendt, Christina and K. Hagemejer, "Can Low-Income Countries Afford Social Security?", *Building Decent Societies*, UK: Palgrave Macmillan, 2009, pp. 99 – 121.

[③] Jessica K. M. Johnson and John B. Williamson, "Do Universal Non-contributory Old-age Pensions Make Sense for Rural Areas in Low-income Countries?", *International Social Security Review*, Vol. 59, No. 4, 2010, pp. 47 – 65.

从资金来源来看，纳米比亚采用税收方式，玻利维亚使用政府在私有化企业中的股份收益支持该项目，新西兰采用了累进税，巴西对在农村地区生产的产品进行征税，哥斯达黎加则是采用商品税和雇主缴费的方式，哥伦比亚使用了部分缴费型项目的基金（Gorman，2004；St. John & Willmore，2001；Schwarzer & Querino，2002；Bertranou，2002；Barrientos & Lloyd-Sherlock，2003）。

此外，还有呼吁使用国际捐赠的政策方式，例如，国际劳工组织呼吁从高收入国家募集资金用来扶持发展中国家的老年人，Charlton 和 MeKin non（2001）建议应该将这些国家募集资金落实到位，用于扶持发展中国家的普惠式非缴费型养老金制度，这是一个合理的资金使用途径（Gorman，2004；ILO，2006）。

还有部分学者指出非缴费型养老金制度的可负担性问题不仅仅是由财政能力决定，也更多地涉及政治意愿。Barrientos（2004）指出各国可以通过转移来自其他领域的支出或通过税收增加政府收入，使非缴费型养老金能够负担得起和经济上可行。

（二）覆盖对象的选择方式：普惠式与调查式的选择

非缴费型养老金主要有普惠式与调查式两种类型，任何考虑实施非缴费型养老金制度的国家均需要核对预期领取者的年龄、居住身份或其他类似信息（Johnson & Williamson，2010）。当然，相对于普惠式（universal）养老金制度，调查式（means-tested）养老金制度需要政府掌握更多的信息，包括对领取者进行收入或者财产测试（Overbye，2005）。首先，这要求执行部门有较高的管理能力，故而在有些地区难以实现。其次，如果仅以收入为判断标准，会忽略其他影响老年人生活水平的因素，导致老年人更容易陷入贫困状态（Heslop，2002）。最后，调查式的养老金制度还可能会为腐败寻租打开大门（Shen & Williamson，2006）。因此，决定是否要采用调查式养老金制度取决于相关公共部门的执行能力。

相对来说，普惠式养老金制度更为公开、透明，不会产生腐败寻租等问题，能更有效率地覆盖受益人群，有效地降低贫困和社会不公平（Kildal & Kuhnle，2008）。其次，普惠式养老金制度执行成本更低，不需要进行定位和识别符合条件的人群，不需要太多额外决策（Holzmannn，2005）。

尽管反对普惠式养老金制度的学者们认为，太多的养老金被给予了并不需要的人，是无效率的表现，而通过家计调查可以更准确地将养老金集中配给到有需要的人群。但 Heslop（2002）认为在一些地方，公共部门执行能力低、交通等基础设施不完备，使得家计调查的执行成本太高昂，抵销了通过准确定位而省下的花费，并且腐败、寻租、欺骗也增加了家计调查的成本。

二　非缴费型养老金制度建立的必要性研究

（一）非缴费型养老金制度有利于扩大养老保障制度的覆盖范围

在养老保障制度建立之初，大多数国家选择的是缴费型养老金制度，其核心在于权利与义务的结合，公民享受养老金待遇的前提是要缴费。通常中高收入国家中大部分老年群体有收入保障，而低收入国家仅能覆盖极小部分群体①，许多发展中国家的很大部分老年群体甚至未被养老金制度所覆盖②。其中，在撒哈拉以南的非洲国家和南亚地区，缴费型养老金制度的覆盖率仅有 10%，即使是那

---

①　International Labour Office, Social Protection Department, *Social Protection for Older Persons：Key Policy Trends and Statistics*, Geneva：ILO, 2014.

②　A. Rudolph, "Pension Programs Around the World：Determinants of Social Pension", *Courant Research Centre：Poverty, Equity and Growth-Discussion Papers*, 2016, p. 25.

些中等收入的国家，缴费型养老金制度的覆盖率也鲜有超过50%的，而低的养老金制度覆盖率往往导致更大范围的老年贫困。

　　通常，低覆盖率与缴费型养老金制度有直接联系，缴费型养老金制度将养老金的获得资格和福利标准与劳动者之前的缴费数额或历史工作记录相联系起来，通常仅仅更为适合那些在正式部门就业且有持续缴费能力的群体[①]。参保人往往是那些中高收入且拥有稳定工作的职员劳动者[②]，而某些贫困地区由于经济发展落后，收入水平低以及就业的不稳定等因素限制了参保率[③]，大量老年群体无法享受到有效的养老保障[④]。发展中国家农村地区的养老保障覆盖率低，主要是因为农村地区的非正式就业较多（Bertranou，2002），这也导致了国家养老金的低覆盖率。Meyer（2014）分析了"俾斯麦模式"的德国养老金制度与"贝弗里奇模式"在消除老年贫困方面的差异，强调了最低养老金和职业年金对消除老年贫困的重要性[⑤]。非缴费型养老金制度的明显优势在于有助于提高农民、妇女及其他非正规就业部门人员的养老保障水平，并扩大养老保障制度的覆盖面。无论是何种职业退休，抑或是退休前有多少在职收入，居民在老年时都能获得一定收入保障，这种功能是缴费型养老金制

[①] Rudolph, A., "Pension programs around the world: Determinants of Social Pension", *Courant Research Centre: Poverty, Equity and Growth-Discussion Papers*, 2016, p. 25.

[②] Palacions Robert and Sluchynsky Oleksiy, Social Pension-part I: The Role in the Overall Pension System, *International Social Security Review*, 2006, Vol. 59, pp. 47 – 65.

[③] Willmore, Larry, "Universal Pensions for Developing Countries." *World Development*, Vol. 35, No. 1, 2007, pp. 24 – 51.

[④] Palacions Robert and Sluchynsky Oleksiy, "Social Pension-part I: The Role in the Overall Pension System", *International Social Security Review*, 2006, Vol. 59, pp. 47 – 65.

[⑤] ［英］特劳特·梅耶、吴晓真：《德国养老金制度改革：欧洲经验及其对性别平等的启示》，《公共行政评论》2014年第6期。

度所不具备的（Willmore，2006）。

其次，缴费型养老金制度的行政执行能力的强弱也会影响养老金制度覆盖率。因为该项制度的实施需要缴税、维持记录、管理缴费（Holzmannn et al.，2005）。部分人由于不信任政府执行该项目的能力，或者在当期因需要自己的收入而不选择将其用于未来的养老（Van Ginneken，1999）。

具体从各国实践来看，2000 年至 2010 年，许多国家实施的非缴费型养老金制度对老年人的覆盖面显著增加。譬如玻利维亚 1997 年引入 Bonosol 非缴费型养老金制度，65 周岁以上老年人均可以获得养老金①，自此后随着该制度的不断调整，以及其"Renta Dignidad"制度的改革，玻利维亚的老年人养老金覆盖面得到了大幅度的提高，从 2000 年到 2009 年，其非缴费型养老金的覆盖率从 80.7% 增加到 90.5%。东帝汶实行普遍支持津贴，2000 年至 2011 年，60 周岁及以上人口的覆盖率从 0.5% 迅速上升到 100%。通过降低 2008 年"高龄津贴"（1995 年引入）的年龄限制，尼泊尔将覆盖率从 33% 提高到 2010 年的 62.5%。正是因为非缴费型养老保障制度的推行，才使得南非养老保障的覆盖面在 2000 年时已达到 88%，毛里求斯、纳米比亚等国甚至实现了 100% 的全覆盖②。基于相关研究，设计在政府可支付水平范围内的普惠式养老金被认为是发展中国家应对养老金甚至是社会保障覆盖率危机的重要途径③。

近年来，世界银行、国际劳工组织和国际助老会等国际组织和

---

① Help age International, *Social Pensions in Bolivia*, June 17, 2008. （http://www.globalaging.org/pension/world/2008/pensions-bolivia.htm）

② 徐强：《农民社会养老保险制度的公共投入优化研究》，经济管理出版社 2015 年版，第 98 页。

③ Charlton, R., "Social Security: Beyond Pension Reform", *Public Finance & Management*, Vol. 5, No. 2, 2005, pp. 357 - 372.

学者纷纷关注于用"非缴费型养老金"解决老龄化世界的覆盖率差距。国际劳工组织（2001、2012、2015、2017）多次倡议通过扩大缴费型养老金覆盖面、发展非缴费型养老金制度及发放特定津贴等方式，为体制外的群体及家庭提供保障。世界银行致力各国尤其是发展中国家养老金制度的改革，将"三支柱"养老保障模式发展为"五支柱"模式①。国际助老会呼吁所有国家为 60 周岁及其以上人口建立非缴费型养老金，被认为是一个双赢的政策选择。

（二）非缴费型养老金制度有利于减轻老年人及其家庭的贫困程度

无论是在发达国家还是在发展中国家，老年人是易于遭受贫困的脆弱群体。老年群体随着年龄的增长，健康恶化和残疾的影响会导致老年人更加贫困。要减少贫困，不仅需要考虑经济增长，还要实行有效的收入分配政策。非缴费型养老金制度作为一项政府干预收入分配的政策，其制度设计的出发点是加强对老年群体及其家庭的收入保障，减少他们的贫困，实际上，一些建立非缴费型养老金制度的国家，其贫困发生率均有了显著的下降。

国际劳工组织和世界银行认为普惠式非缴费型养老金是缓解老年贫困的有效手段（World Bank，1994；Holzmann and Hinz，2005；ILO，2010）。从长期来看，非缴费型养老金可以减少贫困，因为其鼓励贫穷的家庭给孩子投资教育和健康，阻止贫困的代际转移。另外，由于非缴费型养老金更好地将社会保障制度扩展至低收入人群②，对于

---

①　[奥]罗伯特·霍尔茨曼、理查德·欣茨等：《21 世纪的老年收入保障：养老金制度改革国际比较》，郑秉文等译，中国劳动社会保障出版社 2006 年版，第 3 - 4 页。

②　Overbye，E.，"Extending Social Security in Developing Countries：A Review of Three Main Strategies"，*International Journal of Social Welfare*，Vol. 14，No. 4，2010，pp. 305 - 314.

非正规就业人口获取社会保障尤为有效，尤其是普惠式的养老金制度，基本可以实现全覆盖。

非缴费型养老金制度对于减轻老年人及其家庭的贫困和脆弱性有显著的贡献（Barrientos，2003）。拉美地区实行的非缴费型养老金充分证明了这一点。作为世界上基尼系数较高的地区之一，拉美地区存在广泛的绝对贫困和赤贫现象。以巴西为例，从贫困广度上讲，有学者比较了1990—2000年拉美四国的非缴费型养老金的减贫效果，其中1999年巴西的赤贫率降低了95.5%，总贫困发生率也降低了近30%，2000年智利的赤贫率降低了69%，总贫困发生率也降低了近18.7%。①

Dethier 等比较了18个拉美国家全部人口和60周岁及以上年龄的老年人口的贫困发生率，除阿根廷、巴西、智利、尼加拉瓜、巴拿马、乌拉圭6个国家外，其他12个国家的老年贫困率均高于总人口贫困率（图2-1），他们认为主要是由于这6个国家的非缴费型养老金制度比较完善，有效地减少了老年贫困，当贫困线为国家人均收入中位数的1/2时，阿根廷的老年贫困率减少了68.5%，巴拿马的老年贫困率减少了64.3%，乌拉圭的老年贫困率减少了70.9%②。毛里求斯自1950年以来一直拥有普遍的非缴费型养老金，如果没有普惠式养老金，老人的贫困率将比年轻人多30%，而不是实际的贫困率6%（Kaniki，2007）。就南非的非缴费型养老金而言，Samson（2006）研究发现包括老年人在内的家庭中，普惠式

---

① Fabio M. Bertranou, Wouter Van Ginneken, and Carmen Solorio, "The Impact of Tax-Financed Pensions on Poverty Reduction in Latin America: Evidence from Argentina, Brazil, Chile, Costa Rica and Uruguay", *International Social Security Review*, Vol. 57, No. 4, 2010, pp. 3 – 18.

② Jean-Jacques Dethier, Pierre Pestieau, and Rabia Ali, "Universal Minimum Old Age Pensions: Impact on Poverty and Fiscal Cost in 18 Latin American Countries", *Policy Research Working Paper* 5292, World Bank, 2010, p. 13.

养老金制度减少了54%的老年贫困，对于独居的老年人来说，贫困差距几乎是消失了[①]。

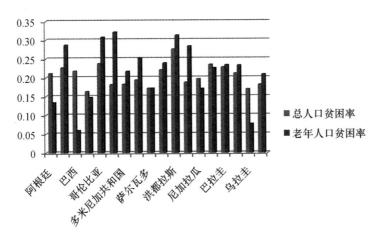

图2-1　拉美18个国家的人口贫困率

注：根据 Jean-Jacques Dethier, Pierre Pestieau and Rabia Ali, "Universal Minimum Old Age Pensions: Impact on Poverty and Fiscal Cost in 18 Latin American Countries", *Policy Research Working Paper* 5292, The World Bank, 2010, p. 13 整理。

　　非缴费型养老金制度可以减少生活贫困老人的贫穷程度。例如，55%的智利非缴费型养老金领取者从极度贫困转为贫困人口，45%已经脱离了贫困。许多发展中国家，如印度尼西亚、纳米比亚、南非、尼泊尔等，贫困家庭中老年成员的养老金收入是最主要的收入来源（Gorman，2004）。Giang & Wade（2009）使用越南2004年住户调查数据，模拟养老金制度对老年贫困和整个社会福利的影响，发现非缴费型养老金有效地降低了贫困发生率，尤其是在

　　① Turner, John, A., "Closing the Coverage Gap: The Role of Social Pensions and Other Retirement Income Transfers", *Journal of Pension Economics & Finance* 11.11, 2012, pp. 141 – 143.

农村地区，采用这项制度是降低老年贫困最有效的方法。[①] 在阿根廷，如果没有非缴费型养老金制度，老年绝对贫困的发生率要高达16%（Barrientos & Lloyd-Sherlock，2002）；在巴西，收到养老金补助的家庭的贫困发生率要减少18%，南非减少12.5%（Barrientos，2005）。Bertranou（2004）等在对拉美5国（智利、巴西、阿根廷、哥斯达黎加和乌拉圭）的考察中发现，税收融资型的救助性养老金制度降低了这几个国家的贫困率。Barrientos & Lloyd-Sherlock（2002）通过对巴西和南非的非缴费型养老金制度的研究发现，其对于降低老年人及其家庭的总体贫困发生率和脆弱性有着显著的效果[②]。

三　非缴费型养老金制度的其他方面影响

非缴费型养老金制度可能会对老年人的生活安排产生影响，因为获得养老金，可能选择不与家庭其他成员共同居住（Bertranou，2004）。Engelhardt 和 Gruber（2005）曾用1968年至2001年的美国人口调查数据研究发现，社会保障的获得使得老年群体的生活安排发生了极大的改变，具体表现为共同居住的比例从1967年的34%降到1982年的24%，此后一直稳步下降[③]。Ginneken（2003）和Overbye（2005）认为家计调查式养老金制度有可能会降低人们的

---

① Giang Thanh Long and Wade Donald Pfau, "Ageing, Poverty and the Role of a Social Pension in Vietnam", *Development and Change*, Vol. 40, No. 2, 2010, pp. 333 – 360.

② Barrientos A. and Lloyd-Sherlock P., "Health Insurance Reforms in Latin America: Cream-Skimming, Equity and Cost-Containment", *Social Policy Reform and Market Governance in Latin America*, UK: PalgraveMacmillan, 2002, pp. 183 – 199.

③ Gary V. Engelhardt, Jonathan Gruber and Cynthia D. Perry, "Social Security and Elderly Living Arrangements: Evidence from the Social Security Notch." *Journal of Human Resources*, Vol. 40, No. 2, 2005, pp. 354 – 372.

工作积极性和储蓄，使其更倾向于从事非正式的工作。Filho（2008）发现养老金收益使巴西老年人参加工作的概率下降了38%，使在业者的周工作时间平均减少了22.5个小时。

Galiani 等（2013）使用墨西哥在非缴费型养老金制度开始实施前后的两年数据（2007年和2008年），对老年群体的劳动行为进行了研究，结果表明该项目使得老年人倾向于退出正式的劳动部门，选择从事家庭劳动生产等无薪酬的非正式劳动工作[1]。

非缴费型养老金制度对劳动供给（Bertrand et al，2003；Posel et al，2006；Ardington et al，2009）、家庭结构（Edmonds et al，2001）、贫困和家庭福利（Duflo，2003；Edmonds，2006；Brarrienttons，2003）、消费（Fan，2010；Blau，2008；Case and Deaton，1998）、家庭其他成员（Case and Deaton，1998；Duflo，2003；Hamoudi and Thomas，2014）等产生影响。研究的主要结论显示，养老金收入降低了老年人的劳动供给，增大了家庭中青年人口外出务工的概率，改变了家庭结构，挤出了私人转移支付，减少了家庭贫困的发生，改善了家庭成员的健康和营养状况。

非缴费型养老金制度对小孩的抚育、健康状况以及教育产生了积极影响。非洲的一个问卷调查表明，65周岁以上的非洲女性，其中有83%在照管小孩，非缴费型养老金可以使小孩从中大大受益。南非的研究表明，获取非缴费型养老金家庭与小孩的身高呈正相关，即一个可获得非缴费型养老金的家庭，其小孩的身高平均增加3—4厘米[2]。Filho（2008）发现巴西非缴费型养老金制度的实施显著降低了学龄女童的劳动参与率，提高了其入学率。

---

① Sebastian Galiani, Paul Gertler and Rosangela Bando, "Non-Contributory Pensions", *NBER Working Paper*, 2013.

② Case, Anne, C., "Does Money Protect Health Status? Evidence from South African Pensions." *SSRN Electronic Journal*, 2001.

非缴费型养老金的获得有利于改进养老金受益人的身体状况。在那些老人身体健康状况较差的家庭中，非缴费型养老金的转移至少可以保证老人获得一个最基本的护理或其他保障，进而降低被虐待的风险。Galiani 等（2013）[1] 在墨西哥对老年人的一项现金转移支付项目进行调查研究，根据年龄段、项目的覆盖人群区分不同的目标群体，采用准实验的设计方法，实验结果发现抑郁得分在项目实施后降低了12%，老年人的身心健康状况得到极大的改善。此外，这项制度还能提高老年人在家庭中的地位。因为老年人通常被认为是贫困的高发群体，需要依赖其他家庭成员，但这项制度能够使他们避免成为家庭成员的负担（Gorman，2004）。

第二节　国内研究进展

一　非缴费型养老金制度的国别研究

国内许多专家学者对国际上实施非缴费型养老金制度的国家进行了研究，为我国实行该项制度提出启示和建议。陈志国（2005）系统总结了发展中国家农村非缴费型养老金制度，并指出发展中国家农村养老保障发展的基本走向，认为缴费型与非缴费型养老金制度将在制度整合中发展，整合的方式与深度则取决于不同发展中国家的具体国情[2]。李樱瑛、张敬一

---

① Sebastian Galiani, Paul Gertler and Rosangela Bando, "Non-Contributory Pensions", *NBER Working Paper*, 2013.

② 陈志国：《发展中国家农村养老保障构架与中国农村养老保险模式选择》，北大 ccissr 论坛《变革中的稳健保险、社会保障与经济可持续发展论文集》，北京，2005 年 4 月，第 100—119 页。

（2007）对哥斯达黎加的非缴费型养老金制度进行了研究，肯定了该计划对扩大养老计划的覆盖范围、降低贫困率的积极效果，但是也指出了在实施该计划中出现的一些问题，给予中国深刻的思考和启示①。维军（2010）借鉴巴西经验，提出我国的农村公共养老金制度也应适时引入非缴费制度，在欠发达的农村地区构建一个"家庭养老＋土地养老＋'零支柱'"的养老保障模式，充分体现个人和政府在养老中的保障作用②。唐俊于2009年③、2010年④分别介绍了毛里求斯和巴巴多斯的非缴费型养老金制度。还有学者关注了发达国家该项制度的实施状况，如孙洁、孙守纪（2013）比较了美国和加拿大的非缴费型养老金制度并分析其减贫效果⑤。于环（2010）在阐述芬兰法定养老金体系的基础上，重点对芬兰非缴费型养老金制度的变迁和发展过程进行了梳理，尤其在非缴费型养老金制度和缴费型养老金制度相互作用、此消彼长的背景下，对芬兰的非缴费型养老金制度的发展前景进行了深入思考⑥。于环（2016）介绍了新西兰的超级年金制度。⑦

----

① 李樱瑛、张敬一：《哥斯达黎加扶贫工作的经验——"非缴费型养老金计划"述评》，《拉丁美洲研究》2007年第29卷第6期。

② 白维军：《巴西农村公共养老金计划及对我国新农保的借鉴意义》，《科学社会主义》2010年第4期。

③ 唐俊：《毛里求斯多支柱养老金体系探析》，《西亚非洲》2009年第9期。

④ 唐俊：《巴巴多斯首创非缴费型养老金制度的历史与借鉴——从制度创新的视角》，《拉丁美洲研究》2010年第32卷第2期。

⑤ 孙洁、孙守纪：《非缴费型养老金计划及其减贫效果比较研究——美国和加拿大的比较分析》，《学习与实践》2013年第8期。

⑥ 于环：《芬兰非缴费型养老金制度：变迁与发展》，《欧洲研究》2010年第5期。

⑦ 于环：《新西兰超级年金："一枝独秀"的养老保障模式》，《中国财政》2016年第1期。

二　关于构建非缴费型养老保障体系的研究

在我国,早期提出引入非缴费型养老金制度是为了弥补旧农保制度的缺陷。房连泉(2014)指出我国由于农村地区特殊的经济社会条件以及大规模的人口流动等特点,缴费型个人账户养老金的实施面临着一定的局限。杨立雄(2006)分析了大多数农民收入低且没有固定的收入来源,加之政府和集体缴费主体的缺位,造成农村养老保险发展缓慢甚至出现倒退。他建议从社会保险退回农村社会救助,以非缴费老年津贴方案代替现行的缴费型养老保险制度,为农村老年人提供最低层次的社会救助[①]。杨德清、董克用(2008)提出普惠制养老金制度可作为我国现阶段农村养老保障制度的新尝试[②]。何文炯(2009)认为应该将老年津贴整合到个人账户,即政府对于某一年龄以上的老年群体实施普惠的老年津贴。此外,研究老年津贴的还有郑功成(2008)、柳清瑞(2010)等,研究高龄津贴制度的有邓大松(2011)、杨立雄(2012)、何文炯(2012)、沈雨菲(2016)、高和荣等(2015);研究护理补贴的有唐俊(2014);研究养老服务补贴的有董红亚(2012、2014、2017)。

中国经济和社会的不断发展,对养老保障制度提出了新的要求。这一阶段,开始提议建立覆盖城乡范围的老年津贴制度,作为基本养老保险制度的补充。老年津贴制度是我国将要构建的福利型养老保障制度的重要组成部分,也有学者提出中国构建最低养老保

---

① 杨立雄:《建立非缴费性的老年津贴——农村养老保障的一个选择性方案》,《中国软科学》2006 年第 2 期。

② 杨德清、董克用:《普惠制养老金——中国农村养老保障的一种尝试》,《中国行政管理》2008 年第 3 期。

障制度作为"零支柱"①。非缴费型养老金在缴费和待遇给付之间不存在直接联系，几乎可以覆盖所有人群，特别有助于保障低收入和非正规部门就业人群，有利于减少甚至消除老年贫困现象。当前我国的"城乡居民养老保险"制度缴费水平普遍较低、农民参保积极性不高的事实，也充分说明了缴费型个人账户养老金制度实施的效果不佳。而非缴费型养老金制度作为养老金系统改革新一轮的亮点，因其可以减少贫困、增大养老保障覆盖面而受国内学者重视②。

郑秉文（2009）在考察拉美地区"增长性贫困"现象时发现，养老金制度对防止"增长性贫困"具有不可替代的积极作用，如果在拉美地区普遍引入一个非缴费型的基本养老金制度，不管是普惠式的还是目标定位式的，其贫困率可下降一半左右。杨娟（2010）指出非缴费型养老金制度在扩大养老保障制度覆盖范围、减轻老年群体及其家庭的贫困程度方面起到了重要作用。李时华（2010）认为该项养老金制度既有助于提高我国居民现实消费能力，促进农村经济发展，还有助于熨平生命周期消费，有效地分配资源③。于环（2010）指出非缴费型养老金主要体现了国家对老年人的责任，是国家为公民在年老时提供的基本保障，是老年人的社会安全网。龙朝阳等（2011）提议用非缴费型国民基础养老金制度去修正养老金统账结合筹资模式对资源配置的扭曲效应。

也有专家呼吁借鉴国际理论和实践，结合我国国情，建立一个覆盖全体65周岁及以上城乡老人，待遇水平相当于我国人均GDP的6%的非缴费型养老金，并配合采用制度性转移支付的方式，增

---

① 迟福林：《赢在转折点：中国经济转型大趋势》，浙江大学出版社2016年版，第232页。

② 房连泉：《拉美非缴费型养老金制度对中国农村养老金改革的启示》，《拉丁美洲研究》2014年第36卷第4期。

③ 李时华：《建立普惠制非缴费型养老金制度，促进农村居民消费》，《消费经济》2010年第3期。

加资金的使用效率(左学金,"上海论坛2015"及2015年"老龄社会公共政策挑战与治理创新"国际论坛)。李珍(2014年中国养老金国际研讨会)也认为我国应该建立有"解贫"功能的"零支柱",为陷入贫困的人口提供养老保障。景天魁、杨建海(2016)认为我国应当结合城乡二元的社会结构特征,建立以底线公平为基础的多层次保障体系。借鉴西欧国家经验,理想的多层次养老保障体系当为:第一层次是非缴费型养老金,受益群体是全体老年国民;第二层次是与职业相关联的缴费养老金;第三层次是各种私人养老保障,包括个人储蓄理财、商业养老保险等,全民普惠的非缴费型养老金是构建多层次养老保障体系的基础,是实现底线公平的基本制度。

王新梅(2016)根据公共养老金体系的两个重要目标(缓解贫困和实现个人一生消费的平滑),提出创建全覆盖、无缴费的国民养老金,设想将城乡居民养老保险制度中的基础养老金,相当于农村平均收入的2.1%的个人账户改为无缴费定额支付,通过对比现行非缴费型养老金制度的55元(相当于2012年最低生活保障水平的30.9%)每月的养老金给付,提出将给付待遇增加达到农村人均收入的30%。

关于实行非缴费型养老金所需成本进行测算的研究主要有杨德清和董克用(2008)、何文炯等(2009)、柳清瑞和翁钱威(2010)、李时华(2010)、唐俊(2011)、周俊山、尹银(2012)、吴姗、张运刚(2012)、聂爱霞等(2013)等,利用相关数据测算出我国建立普惠式的非缴费型养老金制度不会对财政造成压力,在财政上是可行的。最有代表的是张思锋团队(2018)测算出我国可行的非缴费型基础养老金。按照每人每月基础养老金1000元,即高于2017年贫困线3.9倍测算,全年基础养老金支付总额为2.892万亿元,占2017年GDP的3.5%,比经济合作与发展组织(OECD)2015年国家财政支付的养老金占当年GDP的比例低4.4

个百分点；每人每天基础养老金 33.3 元，按现行汇率计算，是世界银行每人每天 1.9 美元贫困线最低标准的 2.5 倍。[①]

第三节 评述

已有研究表明，中低收入国家中的非缴费型养老金制度在扩大养老保障制度覆盖范围、减轻老年人及其家庭的贫困程度方面起到了重要作用。虽然非缴费型养老金制度需要有可行性与可负担性的前提保障，但实践表明大多数发展中国家具有实施非缴费型养老金制度的能力。随着世界银行对"零支柱"老年社会保障战略的扩张呼吁，即某种非缴费型的、税收融资的、普惠制或家计调查式老年社会保障计划，正日益引起致力于通过扩大老年社会保障覆盖范围减贫的政策制定者和专家学者们的注意。

从文献搜索来看，国际和国内专家学者都对非缴费型养老保障计划的社会经济效益达成共识，同时认为发展中国家有必要且有能力建立起非缴费型养老保障计划。世界上许多国家实施非缴费型养老保障制度的宝贵经验，为我国非缴费型养老保障制度的引入和发展提供了许多启示。但是我国对非缴费型养老金制度的研究还不如国外的成熟，仍存在一定的局限性。目前国内对非缴费型养老保障制度的研究多集中在对国外制度的描述和实施效果的评价上，其焦点也多是对国外经验的借鉴与可行性分析上，或者仅仅对国内的老年补贴、农村老人基础养老金等非缴费型养老金制度的研究，一定程度上缺乏理论研究和国际视野。

---

① 张思锋、李敏：《满足老年人美好生活需要 构建多层次养老保险体系》，《中国科学报》2018 年 11 月 30 日第 7 版。

我国还没有建立基于国民待遇的养老金制度即非缴费的养老金制度。因此，为了更有效地为终身贫困者以及那些到了老年时没有资格领取正式养老金的非正规或正规部门工人提供基本生活保障，根据国际非缴费型养老金制度的发展经验，我国有必要也有能力构建一种人人均能享有的非缴费型养老金制度。

第三章 相关概念的界定及理论基础

第一节 相关概念的界定

一 养老保障和养老保险的界定

养老，辞典解释为奉养老人。指每个人在年老时能够从家庭、社会、国家取得一定的收入或物质帮助，满足其基本生活需要。保险指由参加保险的单位或个人向保险机构缴纳一定数量的费用，保险机构对集中起来的分散资金进行管理和运用，对遭受自然灾害、意外事故或人身伤亡造成损失的保险人给予一定经济补偿的制度。[①]

一般认为，养老保障制度是社会发展到一定阶段的产物，是人类进入工业革命后，与社会化大生产相适应的养老方式。养老保障有广义、狭义之分：广义的养老保障既包括作为正式支持的养老保险制度，也包括作为非正式支持的其他制度，如家庭保障和社会服务等；狭义的养老保障，仅指养老保险制度。

[①] 张源媛：《农村社会养老保险制度解析》，中国社会出版社 2010 年版，第 1 页。

而养老保险的定义也有广义和狭义之分。广义的养老保险,包括基本养老保险、企业年金、职业年金以及商业养老保险等与养老问题有关的任何保险。本书的养老保险是狭义的养老保险,即社会养老保险,是指劳动者在达到法定的退休年龄后,从政府和社会获得的一定经济补偿。① 国内关于养老保险的定义很多,这里是指由国家立法规范,用人单位、个人和政府筹资,为劳动者在年老退出劳动领域后,从社会获得基本生活保障的制度。城乡居民养老保险、城镇职工养老保险和机关事业单位养老保险三大类构成了我国现行的基本养老保险制度。

二 非缴费型养老金的含义

非缴费型养老金 (Non-Contributory Pension, 简称 NCP) 是指受益者本人不需要缴费,只要符合年龄规定、居住年限或公民身份等就可以在退休时领取一定数额的养老金,是政府对养老金计划的转移性支出,以收入再分配为目标 (OECD, 2005)。世界银行认为,"非缴费型养老金"是一国政府向符合规定条件的老年公民提供的一种现金转移支付计划,而与受益人退休前是否缴费或缴费多少没有直接或必然的联系 (World Bank, 2009)。

为了有效地预防老年贫困,很多国家,既有高收入国家,也有中等收入国家,还有一些低收入国家,在建立缴费型养老金制度之外,往往建立不同形式的非缴费型养老金制度,为那些低收入、在非正规部门就业的劳动者、自雇职业者以及农民提供最低水平的老年经济保障。但各国对非缴费型养老金使用的术语有所不同,有的用"基本养老金"(Basic Pension),有的用"普惠养老金"(Uni-

---

① 史敏主编、国务院法制办公室教科文书法制司组织编写:《社会保障制度干部读本》,中共中央党校出版社 2003 年版,第 21 页。

versal Pension)，有的用"国民养老金"（Civil Pension），还有的用
"社会养老金"（Social Pension）。

一般来说，非缴费型养老金制度具备以下四个主要特征：第
一，非缴费型养老金资金一般来源于政府的一般财政收入，包括中
央和（或）地方两级财政收入；第二，非缴费型养老金制度的资格
条件往往仅限于公民身份或居住时间，其中，部分国家规定取得的
资格条件与个人缴费时间有一定的相关性；第三，非缴费型养老金
待遇水平通常由一国的最低工资标准、贫困线标准等生活成本因素
决定，并有一定的连续性；第四，非缴费型养老金最低受益年龄与
法定退休年龄并不表现为必然一致，前者往往高于后者，具体受益
年龄由一国的人口老龄化水平和财政状况决定，但目标人群始终定
位为老年人群。由于非缴费型养老金在缴费和待遇给付之间不存在
直接联系，所以几乎可以将覆盖面扩大到社会中的所有人群，特别
有助于低收入和非正规部门就业人群的养老保障，有利于减少甚至
消除老年贫困现象。①

三 非缴费型养老金的类型

国际劳工组织（ILO，2014）② 将养老金分为缴费型养老金和
非缴费型养老金。缴费型养老金包括强制性的缴费型养老金、自
愿的与职业有关的其他私人退休金计划。非缴费型养老金包含三
种类型：（a）普惠式。Gorman（2005）等学者认为普惠式养老金
制度指不考虑居民的性别、工作历史、婚姻状态、种族、残疾与

① 唐俊：《享老金制度的成本与效益分析》，《经济学动态》2011 年第 12 期。
② 根据 Department，Social Protection，International Labour Office，"World Social
Protection Report 2014/15 – Building Economic Recovery, Inclusive Development and Social
Justice." *Working Papers* ，2014，p. 76 整理出来的分类。

否等特征,赋予所有老年居民相同的获取养老金的权利,如新西兰、毛里求斯、博茨瓦纳、玻利维亚、纳米比亚等20个国家只需要年龄资格和居住年限要求。也有一些国家的普惠制养老金是以地域的划分为依据,如巴西有效地创造了一个以农村为基准的普惠制养老金。(b)基于养老金调查,主要是无缴费型养老金或者缴费型养老金水平低于一定门槛的,不考虑其他收入,目前至少有29个国家有这样的养老金制度,如亚美尼亚、尼泊尔、挪威、荷兰、瑞典等。(c)基于收入调查,主要是养老金和其他收入低于一定门槛才能领取[①],全球目前至少有58个国家的非缴费型养老金采用这种形式,如阿根廷、菲律宾、乌拉圭、越南、澳大利亚、法国、意大利等。

四 与其他类型养老金的联系与区别

在一个连续的老年收入保障政策谱系中,社会救助和社会保险位于其中的两端,而非缴费型养老金位于谱系的中间,因此非缴费型养老金与社会救助、社会保险既有联系又有区别(见表3-1)。联系主要表现在两个方面:一是非缴费型养老金与社会救助的融资来源一般都是中央或地方政府的财政收入(或指定的其他类型政府收入);二是非缴费型养老金与社会保险中的最低养老金都是针对老年群体,都有降低老年贫困的功能。区别表现为三个方面:一是非缴费型养老金待遇的取得不依赖于是否缴费,这是相对最低养老金的最大区别,二者减贫和再分配的效果几乎没有差异,但在很多中等收入和低收入国家,这两种政策所

---

① Department, Social Protection, International Labour Office, "Social Protection for Older Persons. Key Policy Trends and Statistics." *International Labour Organization*, 2014, p. 4.

导致的减贫和再分配效果完全不同；二是非缴费型养老金融资主要来自一般性财政收入，而最低养老金主要来自工资缴费（或工资税），对于非正规就业比例较高且政府收入以间接税为主的中等或低收入国家，非缴费型养老金财务空间更大；三是非缴费型养老金受益对象只局限于老年人，而一般意义上的社会救助项目往往包括所有人，即包括但不局限于老年人。① 在发达国家，老年人的低保与其他群体的低保所要保障的内容和水平等都不同，混合在一起难以操作。另外，世界各国最低生活保障制度的保障水平因地区、物价不同等有差异，但是最低养老金的给付水平则在全国都相同，都由中央政府负担②。

表3-1　　　　　　　　非缴费型养老金和社会救助的比较

	不同	相同
非缴费型养老金	只针对老年群体；保障基本生活；贫困预防机制	都由政府财政提供资金支持；都能较好地实现再分配
社会救助	低收入弱势群体；最低生活需要；贫困补救机制	

非缴费型养老金是政府减轻贫困的一种重要政策工具，与缴费型养老金不同，享受非缴费型养老金的金额不随着收入或缴费历史而变化，关于缴费型养老金和非缴费型养老金的比较见表3-2。

---

① 齐传钧：《拉美社会养老金的精准扶贫与效果分析》，《国际经济评论》2016年第6期。

② 王新梅：《发达国家和地区公共养老金制度》，《中国社会科学报》2015年12月23日第872期。

表 3 - 2 缴费型养老金和非缴费型养老金的比较

	优势	缺陷
缴费型养老金	理论上，对政府财政的影响较小； 保障水平相对较高； 缴费与待遇水平直接精算关系紧密； 较好地实现熨平消费水平的功能	制度设计复杂，管理成本高； 低覆盖率； 不能为穷人提供足够的支持； 非正规就业群体和低收入群体倾向不缴费或者无能力缴费
非缴费型养老金	制度设计简单，管理成本低； 可以迅速扩大养老制度覆盖面； 可以将非正规就业群体和低收入群体纳入保障范围； 较好地实现收入再分配	潜在的高财政成本； 保障水平有限； 对劳动力供给的负向激励作用较大

五 零支柱养老金制度的概念

零支柱养老金制度是由世界银行提出，用以缓解老年贫困、保障低收入老年群体最低生活，是公共养老金体系的基础环节，按照世界银行的多支柱养老金模型，覆盖低收入群体以缓解老年贫困的公共养老金制度，叫作零支柱养老金。零支柱可以用两种模式实行，一是基础养老金，二是家计调查养老金。

零支柱养老金在不同的国家有不同的叫法，社会养老金是零支柱养老金的另一种说法，在 OECD 国家养老金制度分类中将覆盖穷人的第一层称作社会养老金，以基本养老金、社会救助或者最低养老金等不同方式提供。国民养老金通常指采取现收现付制，无须缴费，且全民覆盖的普惠性养老金。其中在毛里求斯、格鲁吉亚、新西兰等国家，覆盖低收入群体的养老金制度是国民养老金。在美国，低收入群体养老金制度被设计在社会保险制度中，但社会保险制度不仅仅是为低收入群体设计，还有更广泛的意义。而在中国，低收入老年群体是由城乡居民养老保险制度来保障。[①]

多数发达国家和地区的公共养老金都有基础（或最低）养老金制度。这个制度按照世界银行的多支柱模型属于零支柱，按照经济合作与发展组织的分类方式叫作公共养老金的第一层。基础养老金能提供最低生活保障，使得老年人不再是社会中最贫困的群体。[②]

第二节　非缴费型养老金制度建立的理论基础

虽然从理论上讲，养老保险应该是一个自我保障的体系，但是随着社会发展变化及人类认识水平的不断提升，个人生产生活中面临的不确定性及风险不仅仅是个人原因所致，更多表现为制度性或社会性风险，养老保险领域更是如此，因此，单纯依靠个人很难对此类风险进行有效化解。再从养老保险的产品属性来看，养老保险制度属于准公共产品，具有较强的正外部性，通过提供稳定的老年生活预期，可以有效地维护社会稳定，并拉动居民消费。如果完全由市场和个人负责，极易出现市场失灵，导致养老资源供给出现低效甚至无效，这为政府干预或者介入养老保险制度奠定了基础，其理论基础可追溯到德国的新历史学派，以及后来的福利经济学派、瑞典学派、凯恩斯主义等流派的观点及政策主张。

----

① 郭津：《国外零支柱养老金制度对中国的启示》，硕士学位论文，北京化工大学，2017年，第11页。

② 王新梅：《发达国家和地区公共养老金制度》，《中国社会科学报》2015年12月23日第872期。

一　国家干预主义理论与养老保险

国家干预主义是 19 世纪末 20 世纪初资本主义开始从自由竞争向垄断过渡时期的阶级矛盾急剧尖锐化的产物。19 世纪后期，资本主义社会劳资矛盾加剧，人们相继提出并论证国家对于经济和社会生活进行全面干预的主张，强调和肯定国家的地位以及在应对市场失灵和个人短视行为等方面的作用。出现各种不同的学术流派，包括新历史学派、费边学派、瑞典学派、福利经济学与凯恩斯主义经济学派等，均主张国家干预经济，建立具有收入再分配功能的老年保障体系。

现代社会保障制度的发源地不是英、法等老牌资本主义国家，而是德国，主要原因在于德国的"国家干预的市场经济理论"，从 19 世纪 70 年代、80 年代到第一次世界大战前夕，德国都在流行一种主张"国家干预"的思想来反对亚当·斯密提出的"市场自由主义"，该思想认为政府应该主导经济发展，大力倡导"国家干预主义"来对待德国资本主义的发展相对落后的局面。

新历史学派主张扩大政府权力，政府可以通过法律、条令全面干涉经济事务，反对完全自由主义，主张政府管理和主导下的市场配置资源。他们提出，劳工问题已经成为德意志最严峻的问题，主张政府加紧社会改良，通过扩大政府对工人的保障和福利责任，救济鳏寡孤独，促进劳资合作，用"温和而非革命"的方式调整社会关系。总之，新历史学派全面、正确地提出了政府对社会保障负有不可回避的责任。①

随着资本主义的发展，将国家干预的思想发挥到极致的是现代宏观经济学的开山鼻祖——凯恩斯，1936 年凯恩斯出版了《就业、

---

① 杨礼琼:《社会保障理论与实践》，黑龙江人民出版社 2008 年版，第 17 页。

利息和货币通论》，否定了亚当·斯密自由市场可以实现有效资源配置的传统经济学理论，提出了资本主义社会随着垄断阶段的到来导致社会的有效需求不足，生产过剩的危机难以避免，因此必须通过政府积极全面地干预市场经济，进而提出了一系列的反危机政策，其重心是国家的财政政策和货币政策，国家可以通过扩大财政支出，举办公共基础设施建设，鼓励公共福利如养老、医疗、教育、环境等方面的政府投资以实现就业和增长。凯恩斯主义者认为，国家应承担起私人和市场无法承担的老年救济、失业保障等社会责任，只有依靠国家权力干预经济，才能解决社会存在的贫困、疾病、无知等问题，才能摆脱失业和经济萧条[①]，这也为国家建立具有兜底作用的养老保险制度提供了理论依据。

二 福利经济学与养老保险

除了国家干预的凯恩斯主义，福利经济学也是支撑西方社会保障制度的重要理论基础。1920 年 A. C. 庇古的《福利经济学》的出版是福利经济学产生的标志。《福利经济学》提出了一套较为完整的福利学说，标志着福利经济学理论的正式诞生。庇古在《福利经济学》中明确提出国家要向富人收税，将收来的税收补贴给穷人，从而促进社会公平，增大社会福利。他认为，国民收入的增加所带来的普遍福利，关键取决于生产要素的合理配置，尤其是劳动力要素的合理配置，因此必须给劳动者提供适当的劳动条件，并在劳动者出现患病、伤残、生育、失业、年老等情况丧失劳动收入时，提供适当的物质帮助，通过国民收入再分配来增加居民普遍福利。[②]

---

① 刘钧：《社会保障理论与实务》，清华大学出版社 2005 年版，第 49 页。

② 李和中、陈世香等：《走向善治：转型期中国政府社会保障体制优化研究》，武汉大学出版社 2014 年版，第 68 页。

三 社会正义理论与养老保险

罗尔斯作为新自由主义的继承者，与传统自由主义思想家不同，他不相信自由竞争的市场能够创造和维持社会公平，相反，市场竞争的结果是经常而不是偶然地与公平相矛盾，罗尔斯在《正义论》中明确提出正义是社会制度的首要价值，以罗尔斯为代表的社会正义理论，为政府在社会保障制度中承担责任提供了重要的理论依据。

罗尔斯认为最需要帮助的人是社会最底层的弱势群体，他们享受最少的公共资源，拥有最少的机会和财富，要解决这些领域的不平等，政府必须用更多的社会再分配调节手段，让每一位社会成员都尽量处于公平的地位。景天魁教授关于社会保障"底线公平"的概念正体现了这一原则，底线公平不是就保障水平高低而言的，而是就政府和社会必须承担的责任而言的，在社会保障制度和项目中，有些是起码的、不可缺少的，政府在这些方面就必须承担一定的责任。

四 评述

随着国家干预主义的兴盛，西方国家大都在 20 世纪上半叶相继建立了自己的福利型社会保障制度，但福利国家发展到 20 世纪 70 年代末相继步入财政困境，高福利的支出成为一种沉重的负担，国家干预主义主导的老年保障制度遭遇到前所未有的信任危机和经济危机。这时，包括公共选择学派、货币主义、供给学派与新奥地利学派在内的新自由主义思潮兴盛起来。他们信赖市场机制的自发作用，反对国家干预经济，认为老年保障制度破坏了市场机制的功能，严重影响了自由竞争的市场秩序，反对国家福利，主张老年保障的私有化、私营化和多元化。[①] 20 世纪 90 年代初，由于西方国家新自由主义的自由化、私有化政策造成了新的经济衰退和社会危机，迫使经济学界重新认识与系统地思考老年保障问题，市场至上或不顾市场的国家干预都是不可取的。[②]

西方社会保障理论的产生和发展，始终围绕着国家干预主义与经济自由主义两大思潮的兴衰而发展演变。前者强调以税收作为再分配的工具来实现老年保障，为国家干预经济提供理论依据，后者更加强调依靠市场机制本身来解决老年保障问题，力图削减政府在老年保障领域的义务并相应增加个人的责任。随着现代经济的发展，国家干预主义与经济自由主义两者互相借鉴与融合，形成一个新融合的老年保障理论发展阶段。[③]

戴蒙德认为政府介入养老保险的主要理由有三点：收入再分配、纠正市场失灵和个人的短视行为。[④] 最优再分配理论认为，市场机制在解决收入差距和老年贫困上存在无效性，不能形成一种社会可接受的收入或财富的再分配机制，而政府介入养老保险体系，是通过收入再分配解决老年贫困问题的最优化方案。[⑤] 最优再分配理论的出发点是，市场的自由运行无法解决老年人的贫困问题，政府介入建立一个公共养老保险制度是一个更优的解决方法，建立公共养老保险制度的主要目的是减少老年贫困人口。

---

① 龙朝阳：《中国公共养老金制度模式研究》，知识产权出版社 2009 年版，第 33 页。

② 同上书，第 35 页。

③ 同上书，第 22 页。

④ Diamond, " A Framework for Social Security Analysis", *Journal of Public Ecoomics*, Vol. 8, No. 3, 1977, pp. 275 – 298.

⑤ Casey B. Mulligan and Xavier Salaimartin, "Social Security in Theory and Practice (1): Facts and Political Theories", *NBER working paper No. 7118*, 1999.

从这个意义上讲,公共养老保险制度是解决老年人问题、防止贫困的最优政策。[①] 在许多国家,社会养老保障制度已经成为政府履行这一责任的一个重要机制。政府介入养老保险制度对于克服市场缺陷、协调养老保险制度中的不公平分配、保障老年人基本生活发挥着重要的作用,这些理论为养老金制度中政府主体责任的确立提供了理论依据。[②]

无论是国家干预主义理论,还是经济自由主义理论,均为我国政府完善多层次养老保障制度提供了坚实的理论依据。新中国成立以来,由于我国长期实行"重工轻农、优先发展工业"的发展战略,无疑使得农民在我国经济快速发展的道路中付出了巨大的代价。因此,从罗尔斯的理论来看,无论是从农民作为社会成员应享受社会保障基本权利,还是从农民对我国经济发展作出巨大贡献来看,构建覆盖城乡居民的非缴费型养老金制度,都应该是我国政府义不容辞的重要职责。除此之外,我国的收入差距不断拉大,分配不公突出,严重影响社会公平,如何更好地保护弱势群体、实现社会的和谐稳定,作为再分配的重要手段,非缴费型养老金制度体现了公平、正义、共享的思想,满足了社会弱势群体的利益和诉求。

第三节　建立非缴费型养老金制度的约束条件

从理论上看,是否应该建立非缴费型养老金制度取决于经济、社

---

① 封进:《公平与效率的交替和协调——中国养老保险制度的再分配效应》,《世界经济文汇》2004 年第 1 期。

② 杨健:《中国养老金水平协调研究》,上海世界图书出版公司 2014 年版,第19 页。

会和政治等多种因素，但是，从各国实践来看，主要有以下三个因素。

一　政府强制的缴费型养老金制度覆盖面大小及其收入再分配特性

非缴费型养老金制度有助于填补缴费型养老金制度的"覆盖面缺口"，进而提高养老金制度的总体覆盖面。因此，政府强制性的缴费型养老金制度的覆盖面越窄，引入非缴费型养老金制度的动力也就越强。此外，即使政府强制性缴费型养老金制度的覆盖面很广，但其在不同收入水平的劳动者之间的收入再分配特性比较弱化或缺失，则政策制定者同样有可能考虑引入一项非缴费型养老金制度，以此构建一道老年收入保障的安全网，特别是增强了对低收入劳动者的老年收入支持。

二　社会救助体系的完备情况及老年人口的相对贫困率

是否有必要在一般性社会救助之外单独建立一项针对老人的收入转移制度，取决于老年群体相对于其他群体的贫困程度。理论上看，社会救助体系越完备，救助项目越齐全，老年群体的贫困发生率相应也会很低，引入非缴费型养老金制度的动力也就不足。或者说相对于其他群体，老年人口的相对贫困率越高，则引入非缴费型养老金制度就显得更有必要。当然，相对于一般性的社会救助项目，非缴费型养老金制度在针对老年群体实施收入支持的目标定位上更明确、更有效率。

三　政府财政能力大小及财政支出结构

是否引入非缴费型养老金制度不仅取决于老年群体的相对贫困

率，在很大程度上还取决于政府财政能力的大小和政府财政的支出结构。如果说老年群体的相对贫困率构成了确定非缴费型养老金制度规模大小的需求变量，那么，政府财政能力则构成了确定非缴费型养老金制度规模大小的供给变量。只有在政府财政能力允许的条件下，实施一定规模的非缴费型养老金制度才成为可能。

根据 2006 年世界银行的预测（见表 3-3），非缴费型养老金待遇水平为人均 GDP 的 15%，所需成本这里用占 GDP 比重来测算，即使是普惠式非缴费型养老金，在全世界范围来说都是可负担的，即使在 2040 年人口老龄化比较严峻的时期，对 65 周岁及以上群体建立普惠式非缴费型养老金在世界范围内都是财政上可承担得起的，只有 OECD 国家所需成本占 GDP 的比重超过 3%。

表 3-3   普惠养老金所需成本[1]   单位:%

年份	2005		2010		2025		2040	
资格年龄（周岁）	60	65	60	65	60	65	60	65
OECD	3	2.2	3.2	2.4	4.2	3.2	4.8	3.8
拉美加勒比海	1.3	0.9	1.4	0.9	2.0	1.4	2.8	2.0
欧洲中亚	2.3	1.8	2.4	1.7	3.2	2.3	3.8	2.8
中东与北非	0.9	0.6	1	0.6	1.5	1.0	2.2	1.5
撒哈拉以南非洲	0.7	0.4	0.7	0.4	0.8	0.5	1	0.7
东亚太平洋	1.5	1.0	1.6	1.1	2.5	1.7	3.4	2.6
南亚	1.1	0.7	1.1	0.7	1.5	1.0	2.1	1.4

注：Palacions Robert and Sluchynsky Oleksiy，"Social Pension-part I：the Role in the Overall Pension System"，*Social Protection Dicussion Paper*，No. 0601，World Bank，May 2006，p. 19.

---

① Palacions Robert and Sluchynsky Oleksiy，"Social Pension-part I：the Role in the Overall Pension System"，*Social Protection Dicussion Paper*，No. 0601，World Bank，May 2006，p. 19.

第四章 国际非缴费型养老金制度的建立与发展

第一节 全球非缴费型养老金制度的概况

非缴费型养老金的历史最早可以追溯到 19 世纪晚期，几乎和传统缴费型养老金制度同时出现，1890 年，冰岛第一个实行了非缴费型养老金制度，其目的在于缓解老年贫困。此后不久，丹麦（1891）、新西兰（1898）、澳大利亚（1900）、爱尔兰（1909）等国家也相继建立了非缴费型养老金制度。但长期以来，除了北欧国家和英联邦国家外，非缴费型养老金制度一直处于相对边缘的地位，其重要性并未得到充分重视。20 世纪 80 年代后，一些国家尤其是某些发展中国家出于扩大养老金覆盖面和提供充足保障的需要，开始引入或强化非缴费型养老金制度，如尼泊尔、斯里兰卡、孟加拉国、印度、南非、毛里求斯、纳米比亚、博茨瓦纳、阿根廷、巴西、智利、哥斯达黎加等国相继建立起非缴费型养老金制度。

根据最新的 ILO（2017）数据显示，绝大多数国家和地区（192 个国家中有 186 个）提供至少一种养老金制度（见表 4 – 1），剩下的 6 个国家不提供现金支付。186 个国家和地区中，仅仅有缴费型养老金制度的国家有 72 个，占比为 39%，114 个（占比 61%）

国家和地区建立有非缴费型养老金①,其中102个国家是缴费型和非缴费型养老金双重制度(见表4-1)。

表4-1   养老金类型(2015)②

实行养老金制度（186个国家，占全世界的97%）						没有立法表示提供现金支付养老金，6个国家，占3%
缴费型	仅仅有缴费型养老金，72个国家，占39%		缴费和基于收入调查非缴费型，64个国家，占34%	缴费和基于养老金调查式非缴费型，24个国家，占13%	缴费和普惠式非缴费型，14个国家，占8%	
非缴费型	基于收入调查式非缴费型养老金，2个国家，占1%	普惠式非缴费型养老金，10个国家，占5%				

注:根据 International Labour Office, *World Social Protection Report* 2017 – 19: *Universal social protection to achieve the Sustainable Development Goals*, Geneva: ILO, 2017, p. 78, Figure 4. 1 Overview of Old-age Pension Schemes, by Type of Scheme and Benefit, 2015 or latest available year。

一 数据来源

涉及养老金和非缴费型养老金的主要数据库有国际劳工组织(ILO)、美国社会保障管理总署(SSA)、国际助老会等。其中ILO数据库(2014)涉及180个国家的有效覆盖率(分性别、缴费型和非缴费型)、资格年龄等变量。SSA数据库包括建立时间、养老金类型、资格年龄、法定覆盖率③(分性别、缴费型和非缴费型)。

---

① International Labour Office, *World Social Protection Report* 2017 – 19: *Universal Social Protection to Achieve the Sustainable Development Goals*, Geneva: ILO, 2017, p. 78.

② Ibid. .

③ 有养老金的老年人口占15—64周岁人口的比重。

国际助老会（2015）包括103个国家，107种非缴费型养老金的名称、建立时间、当国货币、US＄、PPP＄、占人均GDP比重、占1.25美元贫困线比重、资格年龄、非缴费类型、接受人数、占60周岁及以上资格年龄人口比重、占GDP比重。社会保护数据库[①]（2014）非缴费型养老金制度主要指标包括113个国家，117种非缴费型养老金制度，包括建立年份、名称、法定资格条件（资格年龄、居民、收入调查、财产调查、养老金调查）、福利水平（当国货币、US＄、PPP＄、占平均工资比重）、覆盖情况（接受人数，占60周岁及以上、65周岁及以上资格年龄人口比重）、成本（占GDP比重）。

本研究数据库来自国际劳工组织报告（2014）和国际助老会（2015）非缴费型养老金数据库，以及SSA有关全球缴费型和非缴费型养老金的信息。[②] 最终数据集提供了181个国家，1891—2015年的养老金数据信息，主要分析了非缴费型养老金制度的类型、相关分布、发展趋势等，并试图总结出一些经验启示。

二　类型

尽管多数国家都建立了非缴费型养老金制度，但他们之间的差异也是非常明显的。从数据库数据整理来看，107个国家（6个国家数据缺失）非缴费型养老金类型，大概分为三种类型：第一种类型的待遇是普惠式的，不仅与家庭收入情况无关，也不需要调查是否参加了缴费型养老金制度以及缴费年限，只要满足最低限制条件

---

① Alexandra Rudolph, "Pension Programs Around the World: Determinants of Social Pension", *Courant Research Centre: Poverty, Equity and Growth-Discussion Papers*, 2016.

② 综合了国际助老会2014年社会养老金数据库，SSA、ISSA、ILO2015年数据库，联合国2012年人口数据等。

（年龄）就可以领取待遇，有 20 个国家是普惠式非缴费型养老金，如玻利维亚、博茨瓦纳、南非、巴西、智利、毛里求斯、新西兰等。第二种类型致力于缴费型制度和非缴费型制度的有效衔接，需要对养老金调查，即对家庭收入情况不做限制，而对其他养老金收入做调查，如果后者达不到最低收入要求，便可以通过非缴费型养老金进行补偿，29 个国家是基于养老金调查的非缴费型养老金，典型国家是墨西哥、巴拿马、瑞典、泰国、芬兰等。第三种也是最为常见的类型，即需要家计调查，能否获得非缴费型养老金取决于老年人所在家庭的人均收入情况，只要家庭人均收入低于政府设定的标准，老年人便可以获得相应待遇，有 58 个国家是基于收入调查的非缴费型养老金，如阿根廷、澳大利亚、丹麦、智利、德国等国家（如表 4 - 2）。

表 4 - 2　　　　　全世界实施非缴费型养老金的国家类型

类型	普惠式养老金	基于养老金调查型	基于家计调查型
实践国家	玻利维亚、博茨瓦纳、南非、巴西、智利、毛里求斯、新西兰等 20 个国家	墨西哥、巴拿马、瑞典、泰国、芬兰等 29 个国家	阿根廷、澳大利亚、丹麦、智利、德国等 58 个国家

注：根据国际助老会数据库（2015）整理，部分国家数据缺失。

三　分布

根据数据库，截至 2015 年 6 月，113 个国家和地区实行非缴费型养老金制度，其中 103 个国家有双重制度①，10 个国家只有非缴费型养老金一种养老金制度（见表 4 - 3）。

---

① 笔者将 2015 年助老会社会养老金数据库，SSA、ILO 等整理合并计算。

表 4 - 3　　　　　　　　　　　　养老金类型

实行养老金制度（180 个国家）			1 个国家 Jersey 数据缺失
仅缴费型	66 个国家，占 36.67%	双重制度国家：缴费型和非缴费型， 103 个国家，占 57.22%	
仅非缴费型	10 个国家，占 5.56%		

注：根据 International Labour Office, Social Protection Department, Social Protection for Older Persons：Key Policy Trends and Statistics, Geneva：ILO, 2014, pp. 243 - 267, Table B. 6. Old-age Pensions：Key Features of Main Social Security Programmes 整理。以及 SSA and ISSA, 2012, 2013a; 2013b; 2014; European Commission, Mutual Information System on Social Protection（MISSOC）。

1940 年，世界上只有 44 个国家和地区有养老金制度，1960 年有 99 个国家和地区，1980 年有 159 个国家和地区，2014 年有 180 个国家和地区①，再到 2017 年的 186 个国家和地区。实行非缴费型养老金的国家和地区从 1940 年只有 21 个，发展到 2015 年的 113 个（如图 4 - 1），占 186 个实行养老金制度国家的 61%（如图 4 - 2）。1990 年只有 56 个国家有非缴费型养老金制度，且大部分是高收入国家，1990 年之后越来越多的中低收入国家开始了非缴费型养老金制度实践，而且呈现一定加速态势，如赞比亚、越南、乌干达、尼日利亚等，同一时期巴拿马、马尔代夫、秘鲁、斐济、巴拉圭、玻利维亚、中国等中高收入国家也开始引入（HelpAge International, 2015）。

从表 4 - 4 来看，收入和地区标准是按照 2015 年世界银行人均国民收入对各国经济进行划分，实行非缴费型养老金制度大部分是高收入国家（46 个，占比 40.71%），其次是中高收入国家（36 个，占比 31.86%），另外，中低收入国家 27 个（占比 23.89%），

---

① Sources：1940 - 2004 from Kinsella and He, 2009；2014 from Social Security Administration, 2013a, 2013b, 2014b, 2014c；Social Security Programs Throughout the World.

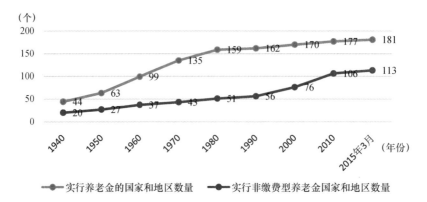

图 4 - 1 1940—2015 年实行养老金国家和地区数量趋势

注:2015 年实行养老金的国家和地区数量是利用 2014 年 6 月份数据计算的。根据 International Labour Office,World Social Protection Report 2014 - 15:Building Economic Recovery,Inclusive Development and Social Justice,Geneva:ILO,2014,p. 237,Table B. 6. Old-age Pensions:Key Features of Main Social Security Programmes. http://www. social-protection. org/gimi/gess/RessourceDownload. action? ressource. ressourceId = 37137。

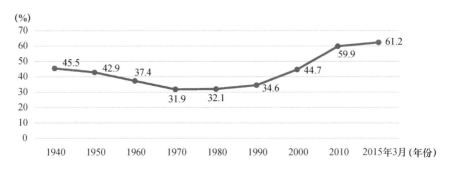

图 4 - 2 1940—2015 年实行非缴费型养老金国家和地区占比

注:2015 年实行养老金的国家和地区数量是利用 2014 年 6 月份数据计算的。根据 International Labour Office,World Social Protection Report 2014 - 15:Building Economic Recovery,Inclusive Development and Social Justice,Geneva:ILO,2014,p. 237,Table B. 6. Old-age Pensions:Key Features of Main Social Security Programmes. http://www. social-protection. org/gimi/gess/RessourceDownload. action? ressource. ressourceId = 37137。

低收入国家有 4 个（占比 3.54%）[1]。

表 4−4　　　　113 个非缴费型养老金国家分布（按收入划分）

国家类型	高收入国家 （高于 12475 美元）	中高收入国家 （4036—12475 美元）	中低收入国家 （1026—4035 美元）	低收入国家 （等于和低于 1025 美元）
国家数量 （个）	46（40.71%）	36（31.86%）	27（23.89%）	4（3.54%）

注：其中收入和地区标准是按照 2015 年世界银行人均国民收入对各国经济进行划分。

通过整理数据可以发现 113 个国家和地区建立非缴费型养老金制度的时间规律。

1. 46 个高收入国家中有 25 个国家在 1960 年之前建立了非缴费型养老金制度，且 90% 的高收入国家在进入高收入阶段之前就建立了非缴费型养老金制度，如澳大利亚、新西兰、荷兰、比利时、法国、芬兰、意大利、挪威等国家，有 12 个国家在 1990 年之后建立了非缴费型养老金制度。

2. 根据已有数据，中高收入国家中有 15 个国家在 1990 年之前建立了非缴费型养老金制度，17 个国家在 1990 年之后建立了非缴费型养老金制度。

3. 中低收入国家中有 5 个国家是在 1990 年之前建立非缴费型养老金制度，其他国家都是在 2000 年之后建立非缴费型养老金制度。

4. 低收入国家中的尼泊尔是在 1995 年建立非缴费型养老金制度，乌干达是在 2011 年建立，马里是在 1961 年建立，部分国家数据缺失。

---

[1]　尼泊尔和乌干达是低收入国家。

总体来看,高收入国家大部分在 1990 年之前建立非缴费型养老金制度,且高收入国家在进入高收入阶段之前,即在中高收入阶段,就有 90% 以上的国家已经建立了非缴费型养老金制度。近一半的中高收入国家是在 1990 年之前建立的,低收入国家均在 1990 年之后建立,部分国家建立非缴费型养老金制度的时间见表 4 - 5。

表 4 - 5　　　　　部分国家建立非缴费型养老金制度的时间

时间	年份	国家
19 世纪 80—90 年代	1890	冰岛
	1891	丹麦
	1898	新西兰
20 世纪初到 20 世纪 20 年代	1900	澳大利亚
	1909	英国
	1913	瑞典
	1927	加拿大
	1928	奥地利
20 世纪 30—50 年代	1935	葡萄牙
	1935	美国
	1936	挪威
	1937	芬兰
	1948	瑞士
	1950	日本
	1956	法国
	1957	荷兰
20 世纪 60—80 年代	1969	意大利
	1974	智利
	1982	希腊

续表

时间	年份	国家
20 世纪 90 年代之后	1993	泰国
	1994	阿根廷
	2001	比利时
	2001	墨西哥
	2009	中国

注：根据国际助老会数据库（2015）整理。

四　覆盖面

从各个国家非缴费型养老金制度的运行情况来看，包括玻利维亚、博茨瓦纳、巴西、莱索托、毛里求斯、蒙古国、纳米比亚、南非、东帝汶、特立尼达和多巴哥以及桑给巴尔（坦桑尼亚）在内的 20 多个国家已经实现了养老金的全民覆盖。采用普惠式养老金制度的国家覆盖率普遍较高，而采用家计调查式的国家的覆盖率普遍较低。这是非常容易理解的，因为家计调查式非缴费型养老金制度通过经济调查将富人排除在制度之外，只针对低收入和贫困人口。

五　资格年龄

在建立非缴费型养老金制度的 113 个国家和地区中，除去部分国家数据缺失，受益年龄大多数在 65 周岁以上（50 个国家），越南的受益年龄最高，达到了 80 周岁，21 个国家如巴西、毛里求斯的受益年龄是在 60 周岁，另外有 28 个国家男女领取的年龄不一样（一般是男性高于女性领取年龄），一般来说，非缴费型养老金受益年龄高于缴费型养老金受益年龄，部分国家的资格年龄见表 4 - 6。

表4-6   部分国家非缴费型养老金制度概况

	国家	覆盖年龄（周岁）	资金来源	待遇水平（美元/月）	财政负担（占 GDP 比重,%）
家计调查式	南非	60	税收融资	125	1.152
	巴西	60（男）55（女）	税收融资、缴费	300	0.984
	阿根廷	70	税收融资	198	0.035
	智利	65	税收融资	164	0.049
	墨西哥	65	税收融资	40	0.2
	乌拉圭	70	税收融资	90	0.62
	尼泊尔	70	税收融资	5	0.32
普惠式	科索沃	65	税收融资	34	1.19
	玻利维亚	60	国有企业红利、税收融资	36	1.08
	博茨瓦纳	65	税收融资	26	0.265
	新西兰	65	税收融资	1263	3.87
	纳米比亚	60	税收融资	60	0.555
	毛里求斯	60	税收融资	118	2.18

资料来源：根据国际助老会 2015 年社会养老金数据库整理而得。

六　待遇水平

待遇水平这里用非缴费型养老金水平占人均 GDP 比重来衡量，根据已有数据资料，各个国家的待遇水平从中国占人均 GDP 的 1%到莱索托的 39%不等①。

---

① 人保部 2015 年全国城乡居民基础养老金人均超过 100 元，国家统计局公布了 2015 年全国城镇私营单位就业人员年平均工资为 39589 元。

低收入国家中，尼泊尔非缴费型养老金水平占人均 GDP 的 12%，乌干达为 17%。

中低收入国家，待遇水平从印度非缴费型养老金水平占人均 GDP 的 2%，到乌克兰的 36%，再到莱索托的 39%。

中高收入国家，待遇水平则是从中国非缴费型养老金水平占人均 GDP 的 1%，到南非的 23%，阿根廷的 25%，巴拉圭的 27%，再到巴西的 31%。

高收入国家，待遇水平则是从立陶宛的 2%，到新西兰、荷兰的 34%，再到比利时的 35%。

七　制度成本

非缴费型养老金制度成本是指为建立和运行非缴费型养老金制度所耗费资源（包括人力、物力和财力）相对应的货币。建立非缴费型养老金制度，意味着政府要投入一部分的财政预算支出以及制度运行过程中的行政管理支出，因此，成本上的可负担性是非缴费型养老金制度赖以建立和有效运行的关键决定因素。从数据库来看，至少有 15 个经济发展水平相对较低、人均 GDP 排名 100 或以后的国家实施了非缴费型养老金制度，而没有进行经济调查。上述案例本身就足以证明财政能力不是实施非缴费型养老金制度的先决条件。如前所述，负担能力更多地涉及政治意愿而不是财政资源，各国可以通过转移来自其他领域的支出或通过税收增加政府收入，非缴费型养老金制度在经济上是可负担的（Barrientos，2004）。

（一）财政成本分析

非缴费型养老金的成本用非缴费型养老金的费用占 GDP 比重来衡量，据数据库资料，成本从最低的如印度尼西亚的 0.001%，到尼日利亚的 0.003%，再到最高的如丹麦的 5.823%、荷兰的

6.488%，具体如下：

低收入国家，如尼泊尔非缴费型养老金的费用占 GDP 的 0.320%，乌干达为 0.033%。

中低收入国家，非缴费型养老金的费用占 GDP 比重从印度尼西亚的 0.001%，尼日利亚的 0.003%，到玻利维亚的 1.078%，科索沃的 1.190%，莱索托的 1.311%，只有 3 个国家超过 1%。

中高收入国家，非缴费型养老金的费用占 GDP 比重则是从阿根廷的 0.035%，到毛里求斯的 2.178%，格鲁吉亚的 2.995%。

高收入国家，非缴费型养老金的费用占 GDP 比重从匈牙利的 0.007%，到新西兰的 3.867%，挪威的 4.511%，丹麦的 5.823%，荷兰的 6.488%，只有 4 个国家的成本占 GDP 比重超过 3%。

总体来看，82 个有数据的国家中，65 个国家非缴费型养老金的费用占 GDP 比重小于 1%，有 10 个国家非缴费型养老金占 GDP 比重在 1%—2%，有 7 个国家超过 2%，大部分国家所需成本小于 GDP 的 1%，可见实行非缴费型养老金在财政上是可负担的。

（二）行政管理成本分析

以上部分对非缴费型养老金制度的财政成本测算都忽略了行政管理成本。实际上，由于大多数国家非缴费型养老金制度与其他养老金制度会共同产生行政管理成本，给非缴费型养老金制度的行政管理成本的单独甄别和测算带来了较大的困难，尽管许多专家对此进行了研究，但目前还无完善的方法和工具测算非缴费型养老金的行政管理成本。世界银行尝试对某些国家的非缴费型养老金制度的行政管理成本进行了评估，评估的结果（见表 4-7）表明，大多数国家的非缴费型养老金制度的行政管理成本不太显著。[①]

---

① 唐俊：《养老金制度的成本与效益分析》，《经济学动态》2011 年第 12 期。

表 4 – 7　　　　一些国家的非缴费型养老金制度的行政管理成本

国家/地区	受益人数（人）	受益人数占总人口比例	行政管理成本占非缴费转移支付的比例	行政管理成本占人均GDP 的比例
博茨瓦纳（1999）	71000	4.1%	4.4%	0.4%
科索沃（2006）	130000	6.5%	1.5%	0.6%
毛里求斯（1999）	109000	9.3%	2.5%	0.5%
纳米比亚（1999）	82000	4.4%	15.0%	2.5%
新西兰（2005—2006）	488000	11.9%	0.5%	0.2%

资料来源：Robert Holzmann，David A. Robalino and Noriyuki Takayama，editors，Closing the Coverage Gap：The Role of Social Pensions and Other Retirement Income Transfers，The World Bank，2009，p. 210.

SOURCE：Authors'calculations based on ILO（1999），MFE Kosovo，Statistics New Zealand，and New Zealand MSD（2005/2006）. GDP per capita estimates from http：//www. econstats. com/ except IMF for Kosovo. Population Estimates from World Bank Institutional Database. NOTE：GDP. Gross Domestic Product. For Botswana，Mauritius，and Namibia，Beneficiaries Other than Old-age Beneficia-riesare Excluded.

八　资金来源

建立非缴费型养老金制度的国家的资金来源大致可分为两种：

1. 全部来自政府预算。大多数实行该计划的国家都采用这种融资机制，通过税收为该计划融资。在英国、澳大利亚、新西兰、冰岛等国，由于实行普遍保障，资金全部来源于财政补贴；在欧洲大陆国家，农村社会养老保险资金绝大部分来自财政补贴。养老金领取者，同时作为一名纳税人，当他们为自己的工资、消费和财产纳税时，其实也是在为自己的养老金缴费（部分国家见表 4 – 6 所示）。

所有 OECD 国家均建立了不同形式的非缴费型养老金（OECD，1998 年）作为老年人安全网的一部分——社会救助或普惠式养老金，这些养老金可以是基于调查的、普惠的或者目标定位至特定群体的。[1] OECD 还建议分开非缴费型和缴费型公共养老金的资金来源，各国不应使用缴费型养老金的资金来资助社会救助或非缴费型养老金，这些应该通过充分预算资助、税收资助等方式来筹资。

2. 多种融资渠道。有些国家不只依靠财政预算，还有其他的融资渠道。如巴西的非缴费型养老保障计划的资金来源有社会保险项目中的转移支付（来自正规就业部门雇主雇员的缴费）、一部分的消费税和大型企业的税款，在农村地区，虽然大部分的融资依旧来自城镇社会保险制度的转移支付和政府预算，但还有十分之一来自农产品销售税。

国外的经验表明非缴费型养老金从建立至今具有以下效应：第一，可以有效降低老年人贫困率和扩大养老保障的覆盖面，体现了充足性。第二，非缴费型养老金财政负担不大，大部分国家所需资金投入占 GDP 的 1% 左右，在财政上具有可负担性。第三，随着人口老龄化加剧，养老金支出占 GDP 的比重大幅增加，人口老龄化严重的国家，非缴费型养老金制度的可持续性将面临较大挑战。

第二节　非缴费型养老金制度建立的动因

一　世界范围内养老金制度的覆盖率低

养老金制度覆盖率是个复杂的概念，至少涉及两个群体，一个群体是缴费群体（养老金收入），另一个是受益群体（养老金支出），所以相应计算公式也有好多种，用得比较多的主要有世界银行和国际劳工组织的关于覆盖率计算公式。根据数据库，本书采用

---

[1]　OECD, *OECD Pensions Outlook* 2016, Paris：OECD Publishing, 2016, p. 18.

国际劳工组织有效覆盖率计算公式，按照国际劳工组织2014年的界定[1]，养老金覆盖率包括法定覆盖率和有效覆盖率，法定覆盖率是指按法律规定，一旦达到法定退休金年龄或其他资格年龄，能够领取现金津贴的劳动适龄人口的比例（15—64周岁年龄段的人口）。相比之下，"养老金有效覆盖率"是指那些实际能够或确实受益于养老金制度的人[2]，主要涉及两个群体，第一个是养老金的缴费群体（当他们达到退休年龄时，他们将有权享受养老金），第二个是真正或者实际领取养老金的群体，有效覆盖率有两种计算公式，缴费群体覆盖率和受益群体覆盖率。根据数据库，本书采用ILO有效覆盖率计算公式，缴费群体有效覆盖率（这里称之为参保率）＝缴费人数/15—64周岁劳动力人口数，受益群体覆盖率（这里简称为老年覆盖率）＝老年受益人数/资格年龄以上老年人口数，受益群体覆盖率显示了资格年龄以上老年人领取养老金的比例。但是，通常因法律未得到充分执行，或者制度执行不充分等，有效覆盖率往往远低于法定覆盖率[3]。

（一）老年覆盖率低

根据数据库（ILO，2014），2013年全世界只有51.5%的老人能获得养老金，如果将中国排除在外，养老金老年覆盖率将从51.53%

① Department, Social Protection, International Labour Office, "World Social Protection Report 2014/15 – Building Economic Recovery, Inclusive Development and Social Justice." Working Papers, 2014, pp. 166 – 167.

② Muhammad Waqasand Masood Awan, "Social Protection, Gender, and Poverty: Application of Social Protection Index", *Journal of Policy Practice*, Vol. 16, No. 4, 2017, pp. 3 – 4.

③ Department, Social Protection, International Labour Office, "World Social Protection Report 2014/15 – Building Economic Recovery, Inclusive Development and Social Justice." *Working* Papers, 2014, pp. 166 – 167, Table AII. 1 Multiple Dimensions of Coverage: Examples of Questions and Indicators.

下降到 45.6% , 从地理分布来看（如图 4 - 3），非洲只有 21.5% 的老人能够领取养老金，其中，赞比亚只有 7.7% 的老人，苏丹共和国只有 4.6% 的老人，中东只覆盖 29.47% 的老人，北非覆盖 36.7% 的老人，亚太地区覆盖 47% 的老人（如果排除中国，只有 32.4%）①，拉丁美洲和加勒比海覆盖 56.1% 的老人，只有北美、西欧、中欧和东欧超过 90% 的老人能够领取养老金，其他地区养老金覆盖率均在 60% 以下。

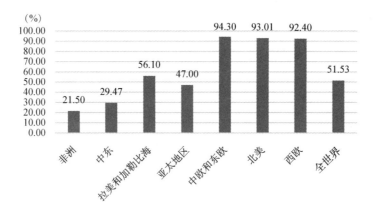

图 4 - 3　老年群体覆盖率（按区域划分）

注：非洲包括北非和撒哈拉以南非洲地区。

数据来源：Department, Social Protection, "World Social Protection Report 2014/15 – Building Economic Recovery, Inclusive Development and Social Justice", Working Papers , 2014, p. 273, Table B. 9 Old-age Effective Coverage：Old-age Pension Beneficiaries. Proportion of Older Women and Men (above statutory pensionable age) Receiving an Old-age Pension, Latest Available Year.

按收入划分，在发达国家中，89.1% 的老人可以领取养老金，发展中国家养老金只覆盖 44.3% 的老人，中低收入国家只有

---

① Department, Social Protection, International Labour Office, "Social Protection for Older Persons. Key Policy Trends and Statistics." *International Labour Organization*, 2014, pp. 13 – 14.

24.6%的老人可以领取养老金，而在最不发达国家只有16.8%的老
人可以领取养老金（如图4－4）。

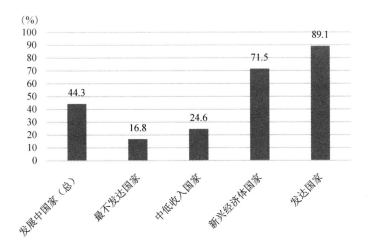

图4－4　老年群体覆盖率（按经济划分）

注：发展中国家（总）包括最不发达国家、中低收入国家和新兴经济体国家三类。其中
收入和地区标准按照2015年世界银行人均国民收入对各国经济进行划分。

数据来源：Department，Social Protection，"World Social Protection Report 2014/15 – Building E-
conomic Recovery，Inclusive Development and Social Justice"，Working Papers，2014，p. 273，Table
B. 9 Old-age Effective Coverage：Old-age Pension Beneficiaries. Proportion of Older Women and Men（a-
bove statutorypensionable age）Receiving an Old-age Pension，Latest Available Year.

（二）法定覆盖率低

目前在全球范围内，现有的法律规定通过缴费型或非缴费型提
供养老金的（包括自愿）仅覆盖42.2%的劳动年龄人口。如果法
律得到适当执行，这些人口一旦达到现有法律规定的年龄，均可领
取养老金[1]。缴费型养老金覆盖率反映了劳动力未来获得缴费型养

──────────

① Department，Social Protection，International Labour Office，"Social Protection for Ol-
der Persons. Key Policy Trends and Statistics."*International Labour Organization*，2014，p. 11.

老金的机会,虽然这并不反映获得非缴费型养老金的机会,但仍然给出了未来覆盖水平的重要信号,就全球而言,缴费型养老金仅仅覆盖38.03%的劳动适龄人口,如果排除中国,只有四分之一(25.4%)的劳动适龄人口被缴费型养老金制度所覆盖(如图4-5)。

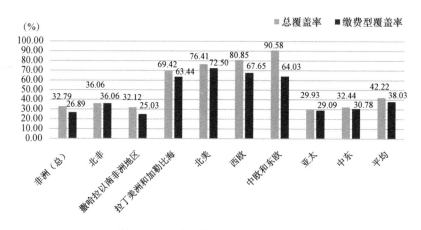

图4-5　法定覆盖率(按地区划分)

注:非洲(总)包括北非和撒哈拉以南非洲地区。

数据来源:International Labour Office, World Social Protection Report 2014-15: Building Economic Recovery, Inclusive Development and Social Justice, Geneva: ILO, 2014, p. 273, Table B. 6 Old-age Pensions: Key Features of Main Social Security Programmes.

从地理位置划分来看(如图4-5),非洲(32.79%)、亚太(29.93%)、中东(32.44%)的养老金总覆盖不到劳动适龄人口的1/3,缴费型养老金的覆盖率更低,非洲仅为26.89%、亚太29.09%、中东30.78%。而总覆盖率比较高的依次是拉美(69.42%)、北美(76.41%)、西欧(80.85%)、中欧和东欧(90.58%)。

按经济收入划分,从图4-6来看,低收入国家(24.45%)和中低收入国家(24.82%)不到四分之一的劳动适龄人口未来能获得养老金，中高收入国家（48.33％）不到一半的劳动适龄人口未来能获得养老金，只有高收入国家有近80％的人口未来可以获得养老金。就缴费型养老金而言，除了高收入国家有70.50％的劳动适龄人口未来可以获得缴费型养老金，其他收入类型国家缴费型养老金的覆盖率均很低，中高收入国家养老金覆盖率为42.34％，中低和低收入国家养老金覆盖率均在24％以下。

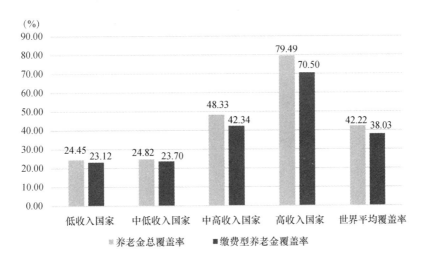

图4-6　法定覆盖率（按收入划分）

注：法定覆盖率为养老金覆盖15—64周岁劳工的比例，法律规定的覆盖人群/15-64周岁人数。

数据来源：International Labour Office，World Social Protection Report 2014-15：Building Economic Recovery，Inclusive Development and Social Justice，Geneva：ILO，2014，p.237，Table B.6 Old-age Pensions：Key Features of Main Social Security Programmes.

无论是哪种方法计算的养老金覆盖率均比较低，世界上近一半（48％）的老人没有养老金，只有38.03％的劳动适龄人口有缴纳养老金，未来有权获得缴费型养老金。

世界上大多数国家养老金制度的主体是缴费型养老金制度，但由于多方面的原因，自雇职业者、非正规部门就业的劳动者以及农业劳动者往往游离于缴费型养老金制度之外，在缴费型养老金制度下，只有劳动者在其就业期间履行了一定的缴费义务，待其退休时才有资格从公共养老金制度中获得退休给付。正如前面的分析，基于多方面因素的共同影响，大多数缴费型养老金制度的覆盖面仅限于在正规部门就业的劳动者，而将在非正规部门就业的劳动者排除在外。即使在正规部门就业的劳动者，也会基于多方面因素的考虑而逃避缴费，从而降低了养老金制度的实际缴费率，特别是当劳动者就业期间的缴费与其退休后所能获得的养老金待遇之间的关联度不高时，雇主和雇员均更有可能逃避养老金缴费。

考察世界各国养老金制度的发展状况，我们不难发现，扩大养老金制度覆盖面的难点是将自雇职业者、非正规部门就业的劳动者以及农业劳动者纳入养老金制度的保障范围，总体而言，扩大养老金制度覆盖面的政策选择包括：

1. 优化缴费型养老金制度的运行机制设计，并将之逐步扩展至全体居民。

正如前文的分析所表明的，目前世界上大多数国家养老金制度的主体均是缴费型养老金制度，而根源于多方面的原因，自雇职业者、非正规部门就业的劳动者以及农业劳动者往往游离于缴费型养老金制度之外，即使是在正规部门就业的劳动者，也会基于多方面因素的考虑而逃避缴费，从而降低了养老金制度的实际缴费率。因此，如果要将缴费型养老金制度的覆盖面扩展至全体居民，则需要优化其运行机制设计，具体包括：确保养老金制度的基本结构保持稳定；确定合理的缴费和计发养老金待遇的收入基数；设定合理的目标替代率和缴费率；建立有效的积累养老金权益的转移机制；强化缴费与获得养老金待遇之间的关联；提高缴费的收益率等。国际劳工组织的养老金专家认为，在发展中国家，试图用为正规部门就业的劳动者设计的缴费型养老金制度来覆盖自雇职业者和非正规部门就业的劳动者是不现实的，从各国养老金制度改革的具体实践来看，扩大缴费型养老金制度覆盖面的努力大多收效甚微。

2. 普惠（非缴费型）基本养老金。许多发达国家和发展中国家均实行了普惠式非缴费型养老金制度，或许这是消除老年贫困的最佳办法，也可以避免目标定位问题，其主要挑战是财政的可负担性。

3. 家计调查式养老金。主要是基于家计调查（收入调查），为居住在特定地理位置的人，或其他被认定为脆弱的人群（如艾滋病人的家庭）等提供，主要缺点是服务费用高，特别是家计调查需要大量管理费用①，并且这也会导致腐败和歧视等。

综上所述，非缴费型养老金是扩大养老金制度覆盖面的有效手段。非缴费型养老金主要是通过税收融资向所有达到一定年龄门槛的老龄群体，或没有养老金，或其他收入不足的老龄群体提供一定的经济保障，针对的是最贫困、最弱势的群体，这一有目的的社会安全网救助可以在减少女性、高龄、独居、农村老龄人口等弱势群体陷入贫困方面发挥针对性、显著性作用。特别是缴费型养老金制度覆盖面较低的中低收入国家，其部分缺口可通过引入非缴费型计划予以补充，② 为脆弱老龄人口构筑一道"社会安全网"③。

二　人口老龄化及老年贫困问题突出

无论是发达国家还是发展中国家，都不同程度地出现了老龄化危机。联合国统计数据显示，2015 年世界 60 周岁及以上人口为

---

① ［奥］罗伯特·霍尔茨曼、理查德·欣茨等：《21 世纪的老年收入保障：养老金制度改革国际比较》，郑秉文等译，中国劳动社会保障出版社 2006 年版，第98—101 页。

② 郝君富：《世界老龄人口的贫困特征与反贫困公共政策》，《浙江大学学报》（人文社会科学版）2016 年第 6 期。

③ 胡秋明：《可持续养老金制度改革的理论与政策研究》，博士学位论文，西南财经大学，2009 年，第 139 页。

9.01 亿人，占世界总人口的 12.3%，60 周岁及以上人口正以每年 3.26% 的速度增长，到 2030 年将达到 14 亿人，2050 年将达到 21 亿人，占世界总人口的比例将上升至 21.5%，全球约 80% 的国家将进入老龄化社会①，而且到那时，全世界 80% 的老人将生活在中低收入国家（世界银行，2016）。

随着年龄的增长，老年群体获取收入的能力部分或全部丧失，因而贫困或收入的不稳定性成为老龄人口面临的最主要风险②，老年贫困将是很多发展中国家长期面临的社会问题。

老年群体贫困率高于其他年龄群体贫困率，这里选择经济水平和福利水平相对比较高的 OECD 国家来分析，根据 OECD 数据库（2014）贫困率③整理可以知道，尽管 OECD 国家都有不同形式的非缴费型养老金，但是老年贫困率还是远远高于其他年龄人口贫困率，尤其韩国、哥斯达黎加、拉脱维亚、澳大利亚、墨西哥、爱沙尼亚、以色列、美国 8 个国家老年贫困率均超过了 20%，35 个 OECD 国家中有 15 个国家老年贫困率高于其他人群贫困率（见图 4 - 7）。

OECD 国家 65 周岁以上老龄人口的收入来源中平均有 59% 来自公共养老金，24% 来自工作收入，17% 来自储蓄和私人养老金。其中，在多数国家，对于收入最低的 40% 的老龄群体，公共养老金收入占其总收入的 80% 以上④。而多数发展中国家和新兴经济

---

① Department of Economic and Social Affairs, Population Division, United Nations, "World Population Prospects: The 2015 Revision, Key Findings and Advance Tables", *Working Paper*, New York: United Nations; 2015, pp. 13 - 17.

② Department, Social Protection, International Labour Office, "World Social Protection Report 2014/15 - Building Economic Recovery, Inclusive Development and Social Justice", *Working* Papers, 2014, p. 74.

③ 贫困线是全国收入水平中位数的一半。

④ Department, Social Protection, International Labour Office, "World Social Protection Report 2014/15 - Building Economic Recovery, Inclusive Development and Social Justice", *Working Papers*, 2014, p. 74.

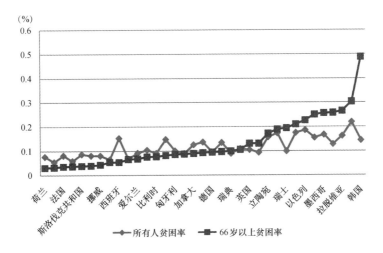

图4-7　OECD国家老年贫困率和总贫困率

资料来源：OECD Povertyrate，2014.（https：//data. oecd. org/inequality/poverty-rate. htm#in-dicator-chart）

体，由于养老金制度覆盖面窄，公共养老金的作用大大降低，如韩国、墨西哥和智利的老人的主要收入来源于工作。[①] OECD 国家中65 周岁以上的老人平均有 12.6% 生活在相对收入贫困中，65 周岁以上的老年群体贫困率韩国非常高（48.8%），其次是澳大利亚（25.7%），相比之下，荷兰和丹麦老年贫困率最低，仅为 3%。其中一个重要的解释因素是老年贫困的发生率与社会救助、非缴费型养老金水平相关[②]。2011 年，韩国 65 周岁以上老人的自杀率为每10 万人中有 81.9 人，是美国（14.5 人）的 5.6 倍、日本（17.9人）的 4.7 倍，[③] 韩国自杀率在 OECD 成员国中连续 10 年排名

[①]　李华主编，岳崟、谌伟副主编：《国际社会保障动态：反贫困模式与管理》，上海人民出版社 2015 年版，第 12 页。

[②]　OECD, *Pensions at A Glance* 2015：*OECD and G20 Indicators*，Paris：OECD Publishing，Dec 2015，p. 374.

[③]　邱宇：《韩国连续 10 年自杀率偏高 老年贫困是主因》，2014 年 7 月 3 日，中国新闻网（http：//www. chinanews. com/gj/2014/07 - 03/6348502. shtml）。

第一,自杀率居高不下的主要原因之一就是老年人群体生活贫困。

公共养老金体系覆盖越广泛的国家,养老金占老龄人口收入的比例越高,老龄人口的贫困率也越低。北欧和西欧国家成熟、慷慨以及体现再分配效应的养老金制度是这些国家老龄人口贫困率低的重要原因。而韩国老龄人口贫困率高的主要原因是其养老金体系不完全成熟,老龄人口主要的收入来源仍是工作收入,而非养老金收入。澳大利亚和瑞士老龄人口贫困率较高的主要原因是很多养老金领取人通常一次性提取其累积的养老金,而非以年金形式提取①。

来自发展中国家的家庭调查数据表明,年龄和贫困之间呈现出一个"U"形关系,即年轻人和老年人的贫困发生率更高,也就是说,老年人是整个社会贫困的高发人群之一。对于"未富先老"的发展中国家而言,相对其他年龄组,老年人贫困问题基本不可能通过积极劳动力市场或教育培训等相关政策来化解,世界各国正努力通过多方面的公共政策改革开展反贫困,以应对老龄化背景下更大群体的老龄人口贫困的挑战。老年贫困问题通常有两个途径来化解:第一是通过一般社会救助项目,向处于贫困的家庭或个人提供救助,社会安全网是针对所有家庭的,旨在消除贫困,原则上讲是可行的,但它不赋予老年人权利,或为他们提供一些选择让其自己照顾自己,如果定位与老年人一起生活的家庭,会对劳动力市场产生负面积累效应;第二是引入完全针对老年人的收入保护政策,即"公共养老金制度",在所有国家中,养老保障对阻止和降低贫困率都发挥着重要作用,老年贫困率水平较低的国家通常有较为完善的公共养老金制度发挥再分配效应。

---

① OECD, *Pensions at A Glance* 2015: *OECD and G20 Indicators*, Paris: OECD Publishing, Dec 2015, p. 125.

三　一些重要的国际组织的推动

随着全球一体化程度的日益提高，国际组织在全球养老金制度改革中发挥着越来越重要的作用。其中世界银行、国际劳工组织、国际社会保障协会和 OECD 等国际组织的作用十分明显，这些组织通过宣传、资金、技术、研究、交流等方式促进各国的养老保障制度改革。① 对非缴费型养老金的建立起到重要推动作用的主要是世界银行和国际劳工组织。

（一）世界银行的推动

进入 21 世纪，全球人口老龄化问题加剧，给各国的养老保障制度带来巨大的挑战。全球针对养老保障制度的改革进行了激烈的讨论，其中最有影响力的是以世界银行为代表的国际组织所大力提倡的"多支柱"养老保障体系，"多支柱"运用不同的筹资模式和管理方式，通过建立多个支柱来实现养老保障体系的多重目标。其发展成果主要概括为两个阶段。

第一阶段："三支柱"模式。1994 年，世界银行出版《防止老龄危机：保护老年人及促进增长的政策》，首次提出了"三支柱"的养老金制度改革模式，在全球许多国家得到推广，其中"第一支柱"为公共养老金计划，是一种由政府税收融资、待遇确定型的计划，其目的是为退休后的老年群体提供最基本的生活保障，编制一张安全网。"第二支柱"为缴费型的养老金计划，是由公共部门或私人部门的雇主向雇员提供，其缴费可以是由雇主提供或者是雇主和雇员共同提供，目的是为了使雇员在退休后能维持退休之前的生活水平，部分解决了养老金的储蓄问题，对于缴费越多的个人，其

---

① 王延中：《中国老年保障体系研究》，经济管理出版社 2014 年版，第 259 页。

在退休后的养老金待遇越好。"第三支柱"是自愿性质的个人储蓄型养老金计划,目的是政府鼓励年轻一代在工作时能为未来自己的养老进行更多的储蓄,为退休后提供补充性收入,部分地区的政府为这种类型的养老储蓄提供了税收优惠。这样,"三支柱"将养老金制度的收入再分配、保险和储蓄三项功能分离。

然而,"第一支柱"的实践效果与制度设计的初衷有所偏离,1994年世行报告中所定义的"第一支柱"的公共养老金计划其实是非缴费性质,由政府向所有退休老年群体提供,且不与老年群体退休前的缴费情况挂钩,目的是通过政府的税收融资支出,全面覆盖所有的老年群体,为他们的老年生活提供最基本的生活保障,报告提议,税收融资应该有一个广泛的税基,而不仅仅来源于收入所得税,除非制度设计的目标覆盖人群一开始就是与退休前的收入缴费额挂钩(1994)。但1994年的世行报告中没有给予非缴费型的"第一支柱"更多的关注,因此,各国在借鉴世行的"三支柱"模式设计本国的养老保险制度时,也没有给予非缴费型养老金制度很多关注。此后,世行在解释"第一支柱"时更是淡化了其本来应该具有的减贫目的,而更多地将其和缴费型的养老金制度混淆(Will-more,2006)。很多发展中国家在实践世行"三支柱"模式时,出于财政支出约束的考虑,往往只有在满足一定缴费年限的条件前提下,才对退休后的生活给予保障,这就导致了养老保险覆盖率很低,农业劳动者、非正规经济部门就业者或者灵活就业人员等会因不符合参保条件而被排除在制度保障之外。

制度的突出问题和矛盾就在于养老金制度的覆盖面没有扩大,尤其是对于低收入群体而言,建立个人养老账户、向该账户存入资金对他们而言成本太高昂。以智利为例,在新的养老金制度改革下,有超过半数的智利人没有被养老金制度所覆盖,即便是被养老金制度所覆盖,也有40%的人群无法享受到最低养老金,因为在智利只有拥有了20年的缴费历史,才能享受到政府提供的最低养老金。在我国也有类似情况，我国在 1997 年进行城镇职工养老保险改革，新制度下，退休后的养老金主要由基础养老金和个人账户养老金构成（部分有过渡养老金），其中的基础养老金只有当缴费者满足严格的 15 年缴费年限后才给予发放，虽然称为"基础养老金"，但是主要针对满足缴费历史的参保者，而且通过"缴费工资指数"与收入挂钩，根本不具有普惠性。因此，如果想要切实扩大养老保障制度的覆盖面，"第一支柱"采用非缴费型的方式是必要的（Willmore，2006）。即便政府为了扩大养老保障制度覆盖面，有能力强制实施缴费型的养老保险制度，但强制要求非正规经济部门的低收入就业者或灵活就业人员等低收入群体进行缴费，显然是不现实的。

表 4 - 8　　　　　　　　　世界银行五支柱养老体系

支柱	目标群体			主要标准		
	终生贫困者	非正规部门	正规部门	特征	参与	融资
零	X3	X2	X1	"基本"或"社会"养老金，至少是社会救助（普享或家计调查式）	普享型或基于居住特征	预算或一般税收
1			X3	公共养老金计划（政府管理，待遇确定型或者名义账户）	强制	缴费或有一些金融储备
2			X3	职业或者个人养老金计划	强制	金融资产
3	X1	X3	X3	职业或者个人养老金计划	自愿	金融资产

续表

支柱	目标群体			主要标准		
	终生贫困者	非正规部门	正规部门	特征	参与	融资
4	X3	X3	X2	非正式扶持（家庭），其他正规社会福利计划（医疗保健）以及其他个人金融或非金融资产（房屋所有权）	自愿	金融和非金融资产

注: X1、X2、X3 分别反映了该支柱对目标群体的重要性，数字越大越重要。

资料来源: Robert Holzmann and Richard Hinz, *Old-Age Income Supportin the 21st Century*: *An International Perspectiveon Pension Systems and Reform*, The World Bank, 2005, p. 82.

　　第二阶段:"五支柱"模式。经过多年的争论，在吸取世界其他国际组织改革建议和各国实施"三支柱"模式的一系列宝贵经验与教训的基础上，世界银行开始反思"三支柱"模式的缺陷。世界银行首席经济学家 Stiglitz（2004）在世界银行会议"老年保障的新观念"上发表了题为"重新思考养老金改革:关于养老保险制度改革的 10 个神话"的报告，对 1994 年养老金"三支柱"改革模式提出了 10 点质疑。[①] 2005 年，以 Holzamann and Hinz 为代表的世界银行养老金改革团队发表了题为"21 世纪的老年收入保障——养老金制度改革国际比较"的报告，该报告是对 1994 年世界银行"三支柱"模式运行 10 多年来的一个概括和总结，并完整地提出了"五支柱"养老金制度框架（如表 4 - 8 所示）。

　　其中最重要的观点变化之一就是明确提出了以消除贫困为目标的"零支柱"，主要是为终身贫困者以及那些到了老年时没有资格

---

① Orszag, Peter, Stiglitz, Joseph, "Rethinking Pension Reform: Ten Myths About Social Security Systems", *Paper Presented at the Conference on New Ideas About Old Age Security*. Washington D. C.: The World Bank, 1999.

领取正式养老金的非正规或正规部门的群体提供基本生活保障。构建"零支柱"以减轻老年贫困，应是任何一个完整的养老保障制度的重要组成部分，"零支柱"其实就是原本"三支柱"模式中的"第一支柱"，不过这次世行通过建立"零支柱"，更强调了非缴费型养老金的重要性。

非缴费型的"零支柱"养老金目的在于消除老年贫困，因为每个国家中都一定会存在终身贫困的群体，这一群体无力参加政府举办的各种形式的缴费型养老保险项目，而这一群体在老年丧失劳动能力之后贫困问题最为突出。

缴费型的"第一支柱"，与不同工资收入水平相关联，最显著的特征是通过代际转移筹资来为老年人提供最低水平的收入保障。

强制性的"第二支柱"，是指强制性的个人储蓄账户式的制度，在其设计中应有明确的收入替代目标，并且积累资金的管理和投资应该是以市场为基础的，但建立形式可以各有不同。该支柱主要应对短视风险，设计合理与运行有效便可以使个人免受政治风险的影响。

自愿性的"第三支柱"，是由个人和雇主发起的养老保险制度，性质上比较灵活，个人可自主决定是否参加以及缴费多少，可以采取多种形式，如完全个人缴费型、雇主资助型、缴费确定型或待遇确定型。该支柱可以补偿其他支柱设计的僵化缺陷，也可以鼓励个人和企业为了更高的养老金待遇或为了提前退休而进行储蓄。

非正规保障的"第四支柱"，是附加的非正式的养老保险形式，是指向老年人提供的非正式的家庭内部或者代与代之间的资金或非资金支持的制度，包括医疗和住房方面的资助①。

---

① ［奥］罗伯特·霍尔茨曼、理查德·欣茨等：《21世纪的老年收入保障——养老金制度改革国际比较》，郑秉文等译，中国劳动社会保障出版社2006年版，第1-2页。

　　"五支柱"模式是对"三支柱"模式的超越与发展,是一种更完备的养老金制度。世界银行认为,如果财政状况许可,所有国家应该建立基本支柱,以保证终生收入较低或在一生的大部分时间从事非正规就业的人们在年老获得基本的保障,要实行这个目标有三种方式:一是通过社会救助,二是家计调查式非缴费型养老金制度,三是普惠式养老金。这三种方式是否可行,以及待遇形式、水平、资格和发放办法如何,取决于弱势群体的多寡、财政预算的充足与否以及补充养老金制度的具体设计如何①。按照2012年世界银行专家数据显示,全球193个国家中有81个国家有零支柱养老金制度,有151个国家有第一支柱养老金,32个国家有第二支柱养老金(如表4-9所示)。

表4-9　　　　　　　　按地区划分世界基础养老金系统

地区	国家数量（个）	多支柱		
		零支柱	1 支柱	2 支柱
东亚太平洋	28	11	17	1
中欧和中亚	30	17	30	14
拉丁美洲和加勒比海	37	19	29	10
中东和北非	20	2	18	1
南亚	8	4	4	1
撒哈拉以南非洲	46	8	33	2
高收入 OECD	24	20	20	3
全世界	193	81	151	32

　　注: Montserrat Pallares-Miralles, Carolina Romero, and Edward Whitehouse. *International Patterns of Pension Provision II: A Worldwide Overview of Facts and Figures.* Discussion Paper No. 1211, World Bank, 2012, 6, p. 40.

---

　　① [奥] 罗伯特·霍尔茨曼、理查德·欣茨等:《21世纪的老年收入保障——养老金制度改革国际比较》,郑秉文等译,中国劳动社会保障出版社2006年版,第5页。

（二）国际劳工组织的推动

国际劳工组织自 1919 年成立以来，特别是第二次世界大战以来，对社会保障尤其是西方发达福利国家的社会保障作出了很大的贡献。ILO 一直坚守着这样一种传统，即强调为减少贫困建立社会保障制度的必要性和国家的作用。国际劳工组织认为减少贫困应该通过社会保障政策来解决。此外，在保障方式方面，与社会补助方式相比，国际劳工组织更倾向于社会保险方式。[①]

国际劳工组织尽管承认非正规就业人员不容易被纳入社会养老保险制度中来，但是建议养老保险制度的广泛覆盖，认为广泛覆盖的社会效应远远大于管理成本的支出，比政府事后采取救助贫困人口的成本要低得多。因此，它提出的养老保险的四个层次为：第一层次是最低的防止贫困的层次，获得者需要通过财产资格审查，资金来源于国家税收；第二层次是现收现付的收益确定型（DB）层次，通过法律手段强制实施；第三层次是以缴费确定型（DC）为基础，有上限限制的、尽可能由私营机构管理的制度；第四层次是缴费确定型（DC）为基础，自愿参加的、没有上限限制的、由私营机构管理的制度，详见表 4–10。

一直以来，国际劳工组织十分重视国家对低收入人群及弱势群体的社会保护责任。一直致力于宣传"为所有人提供广泛而有效的社会保护"，对于存在大量非正规就业的发展中国家，国际劳工组织积极推动扩大社会保障的覆盖面。事实上，早在 1952 年，国际劳工组织就通过了《社会保障最低标准公约》。2001 年，国际劳工组织主张通过扩大缴费型计划覆盖面、发展非缴费型计划及发放特定津贴等方式，为体制外的群体及家庭提供保障。2009 年 6 月，国际劳工组织通过了《全球就业契约》，它呼吁各国通过建立最低社

---

① 陈樱花：《韩国国民年金制度改革路径选择：瑞典、智利、日本与韩国的比较研究》，江苏大学出版社 2014 年版，第 32 页。

会保护并扩展其社会保护制度。2011 年，国际劳工组织提出了
"社会保障最低标准"概念，通过多举措实现社会保障制度全覆盖。
2012 年，国际劳工组织通过了《关于国家社会保护底线的建议
书》，它重申社会保障权利是一项人权，并承认社会保障对于防止
和减少贫困、不平等、社会排斥和社会不安全，对于促进机会均等
和性别平等及种族平等，以及对于支持从非正规向正规就业过渡，
都是一个重要工具。实际上，国际劳工组织一直倡导构建社会保护
底线机制，其宗旨是要不断强化公共养老金制度的保底或托底作
用，强调社会公平与社会正义，以及对社会弱势群体的底线保障。

表 4 - 10　　　　　　　ILO 的四层次养老理论

四层次	制度	形式	筹资
第一层次	基础保障	社会安全网、最低收入保障，须进行家庭财产调查	税收
第二层次	公共年金	强制性 DB 制度	现收现付
第三层次	企业、个人年金	强制性 DC 制度	完全积累
第四层次	个人储蓄等	个人自愿储蓄制度和企业年金计划	自愿储蓄

资料来源：王汝志著：《农民工养老保险制度研究》，湖南师范大学出版社 2012 年 9 月版，
第 63 页。

第三节　OECD 国家的第一层次公共养老金体系

OECD 是由 35 个市场经济国家组成的政府间国际经济组织，提
供了全世界约 60% 的商品和服务。成员中除了英国、美国、德国、
法国等老牌传统世界强国之外，还包括亚洲的日本、韩国和南美的

智利等国，被称为"富国俱乐部"和"智囊团"，所以这里选取了 OECD 国家养老金制度改革作为借鉴。考虑到 G20 在全球治理中发挥越来越重要的作用且多个成员国与 OECD 重合，经合组织出版的《OECD 与 G20 养老金指标概览 2017》，除 35 个 OECD 成员国外还涉及了 G20 中的非 OECD 成员如中国、印度、印度尼西亚、俄罗斯、巴西、阿根廷、南非等国。

一　OECD 国家公共养老金制度简述

OECD 是国际经济合作与发展组织的简称，它成立于 1961 年，旨在引导和鼓励国家间的经济合作。OECD 国家的养老金制度源于 19 世纪末，但真正意义上的现代养老金制度却是在第二次世界大战以后。许多 OECD 国家的养老金制度具有多样化和混合型特征，公共制度、准公共制度以及强制性的职业养老金制度常常并存。公共基本制度是全民养老型的，获取资格的法定条件是年龄和居住年限，资金来自国家税收，如澳大利亚、新西兰、爱尔兰等国实行此类制度。准公共制度是社会保险型的，它主要提供与就业相关的补助金，资金来自分摊金，但它往往也提供普惠型的救助金，如奥地利、比利时、法国、德国、希腊、意大利、卢森堡、日本、荷兰、瑞士、葡萄牙、西班牙、土耳其、美国等实行此类制度。大多数 OECD 国家的养老金制度呈现出混合型的特点，即准公共式与私营保险式以及强制性的职业年金相混合。在这种制度模式下，养老金主要来源于政府税收，它从雇主、雇员工薪税中获取资金，加上每年资金的运营收益，用于养老金的支出。①

OECD 养老金使用了"层次"，而非"支柱"的概念，需要说

---

① 段美之：《OECD 国家养老金制度改革及对我国的启示》，《社会科学论坛（学术研究卷）》2008 年第 2 期。

明的是，OECD 所用词汇和中国词汇差异很大，OECD 第一层次实际上包括了政府主导的各类型养老相关的保障制度。主要是解决公平问题，是各国政府为防范老年贫困而做出的制度性安排，体现了政府责任。

1994 年世界银行报告推出了"三支柱"养老理论，OECD 国家到目前基本都建立起了多层次的养老金体系。但各国的养老金体系差别非常大，各自包含有很多不同的养老金计划。按照养老金体系内每一个养老金计划的作用和目标，可以将整个养老金体系分为三个层次：第一层次是再分配计划部分，其作用和目标是为了确保退休者达到一个绝对的最低生活标准；第二层次是强制性保险计划部分，其作用和目标是防止退休后生活水准过于降低，使其在某种程度上接近工作时的生活水平；第三层次是自愿性个人储蓄部分。在这些支柱中，第一层次长期居于最重要的位置，这里主要分析的是 OECD 国家的第一层次养老金。

所有 OECD 国家均建立了第一层次，但各国制度构成与待遇水平差异极大。归纳起来第一层次包括：基本养老金制度（basic pensions）、最低养老金制度（minimum pensions）与社会救助（Social assistance）或者叫作安全网支付（safety-net payments）[1]，这三种类型养老金不是排他的，基本养老金可以与最低养老金、社会救助相结合。从表 4-11 可以看出，不同国家养老金制度与水平有较大差异，居住型基本养老金支付水平从冰岛的占平均收入的 5.7% 到新西兰的 40%，而最低养老金则从匈牙利占平均收入的 10.3% 到土耳其的 41.2%，安全网支付从韩国占平均收入的 5.5% 到爱尔兰的 32.4%，并且有些国家第一支柱有两种形式养老金，如比利时、加拿大、法国和意大利等。

---

[1] Bongaarts, John, *Pensions at A Glance* 2015：*OECD and G20 Indicators*, Paris：OECD Publishing, p. 46. http：//dx. doi. org/10. 1787/pension_ glance – 2015 – en.

表4-11   35个OECD国家公共养老金制度一览表（2016年）①   单位（%）

国家	第一层次养老金（相当于世界银行的零支柱）					
	特点：覆盖全体国民、再分配性质					
	相对水平（占平均工资收入的比重）				覆盖率	
	基础		最低养老金	社会救助	社会救助	最低养老金
	比重	R/C				
澳大利亚	27.60	R	x	x	76	x
奥地利	x		x	27.80	10	x
比利时	x		30.10	27.10	7	31
加拿大	13.50	R	x	19.20	33	x
智利	14.00	R	x		60	x
捷克共和国	8.90	C	11.70	12.40	—	x
丹麦	17.60	R	x	18.60	81	x
爱沙尼亚	14.70	C	x	14.70	6	x
芬兰	17.40	R	x	21.00	40.6	x
法国	x		21.70	25.40	4	49
德国	x		x	20.10	3.1	x
希腊	23.00	R	x		19	x
匈牙利	x		10.30	8.30	0.39	0.61
冰岛	5.70	R	x	17.90		x
爱尔兰	34.10	R	x	32.40	17	x
以色列	12.90	R/C	x	23.50	25	x
意大利	x		21.30	19.00	5	32
日本	15.30	C	x	20.10	3	x
韩国	x		x	5.50	67	x
拉脱维亚	x		x	7.60	—	x

① OECD, *Pensions at A Glance* 2017：*OECD and G20 Indicators*, Paris：OECD Publishing, Dec 2017, pp.87-89.

续表

国家	第一层次养老金（相当于世界银行的零支柱）					
	特点：覆盖全体国民、再分配性质					
	相对水平（占平均工资收入的比重）				覆盖率	
	基础		最低养老金	社会救助	社会救助	最低养老金
	比重	R/C				
卢森堡	9.80	C	36.70	28.80	1	29
墨西哥	x		29.40	6.20	60	x
荷兰	26.30	R	x		x	x
新西兰	40.00	R	x		x	x
挪威	32.50	R	x		18	x
波兰	x		22.20	15.20	12	x
葡萄牙	x		30.40	17.60	2	38
斯洛伐克共和国	x		40.70	19.80	1	x
斯洛文尼亚	x		13.20	17.40	17	x
西班牙	x		33.30	19.30	6	25
瑞典	22.30	R	x		35	x
瑞士	x		16.50	22.60	12	x
土耳其	x		41.20	7.10	22	
英国	22.20	C	x		14	x
美国	x		x	16.70	4	x

注：x 表示不实用，—表示数据不合适，R 表示以居民身份为支付条件，C 表示以缴费时间为依据。表 4 - 11 根据 OECD, *Pensions at A Glance* 2017: *OECD and G20 Indicators*, Paris: OECD Publishing, Dec 2017, pp. 87 - 89 整理。

二　第一层次公共养老金类型及水平

根据 OECD（2017）国家数据库，表 4 - 12 所显示的有 18 个 OECD 国家有基础养老金，26 个 OECD 国家提供安全网支付，

15 个 OECD 国家提供最低养老金，只有新西兰和爱尔兰没有强制性的第二层次，其他 33 个 OECD 国家都有第二和第三层次养老金制度。

这里主要分析 OECD 国家第一层次公共养老金计划，大体可细分为三类：

1. 基础养老金（Basic pensions）。它有两种不同的形式，第一种形式：凡是满足一定居住标准的人都有，无论受益人如何缴费或缴费多少，如在新西兰，每个居住满 10 年的老年人都有一份定额养老金，相当于全社会平均工资的 40%。第二种形式：养老金给付完全取决于缴费年限，但与收入无关。提供基础养老金的 18 个 OECD 国家，共有 11 个国家设有居住年数要求，另有 6 个国家设有缴费年数要求，前者包括澳大利亚、新西兰、加拿大、智利、荷兰、瑞典、丹麦、挪威、芬兰、希腊、冰岛；后者包括英国、卢森堡、冰岛、捷克共和国、爱沙尼亚、日本。以色列则同时采用居住标准和缴费年限设定基本养老金。

2. 最低养老金（Minimum pensions），也称缴费型最低养老金（contributory minimum pensions）。它既可以指某种缴费型的最低养老金，也可以指所有计划加总的最低养老金。与家计调查计划（means tested schemes）不同，它不受家庭储蓄收入影响，但与工作收入以及其他养老金收入相关。共有 15 个 OECD 的国家设立了最低养老金，它们分别是法国、意大利、比利时、卢森堡、瑞士、拉脱维亚、葡萄牙、西班牙、波兰、匈牙利、奥地利、墨西哥。卢森堡和土耳其的最低养老金水平约为平均收入的 40%，但在捷克共和国、匈牙利和斯洛文尼亚则低于 15%[1]。

---

① OECD, *Pensions at A Glance* 2015: *OECD and G20 Indicators*, Paris: OECD Publishing, Dec 2015, p. 67.

表 4 - 12   OECD 国家第一层次公共养老金概况

基础养老金	一般根据居住年限统一支付，也有的根据工作年限来确定，与曾经收入无关，额外的退休收入不会影响该类型养老金的权利
	18 个 OECD 国家有这种类型养老金
最低养老金	与其他安全网有很多相似地方，但只考虑受益者养老金收入，不受他们储蓄的影响
	15 个 OECD 国家有这种类型养老金
安全网	主要针对那些生活贫困者
	待遇多少根据收入或者其他资金来源来确定
	26 个 OECD 国家有这种类型养老金

根据 OECD, *Pensions at A Glance* 2017：*OECD and G20 Indicators*, Paris：OECD Publishing, Dec 2017, p. 89 整理。

3. 老年救助（Social assistance）。基于财产调查（resource-tested benefits）或家计调查（means-tested benefits），大多数国家都设立了这类"狭义"的社会安全网（social safety-nets），它们主要针对养老金收入严重不足的老年人给予社会救助，例如比利时、智利、加拿大、丹麦、芬兰等 26 个国家的社会救助制度。韩国覆盖的是老年人口中最贫困的 67% 的老人，他们获得的安全网支付相当于平均工资的 5.5%，墨西哥和土耳其的老年救助低于平均工资的 7%，中国和印度更低，分别为 2%、3%。[①]

总的来看，基础养老金、最低养老金以及社会救助构成了 OECD 国家养老金制度分类法的第一层。[②] OECD 国家提供的基础养老金为平均工资的 19.9%，提供的社会救助相当于平均工资的 18.1%，最低养老金通常高于基础养老金或社会救助水平，是平均工资的 25.6%。[③]

---

① OECD, *Pensions at A Glance* 2017：*OECD and G20 Indicators*, Paris：OECD Publishing, Dec 2017, p. 54.

② Ibid. , p. 88.

③ Ibid. .

三　覆盖范围

总体来看，35 个 OECD 成员国家中，有 5 个国家（奥地利、德国、韩国、拉脱维亚和美国）有安全网支付，但是没有基础养老金或最低养老金系统（如图 4 - 8）。

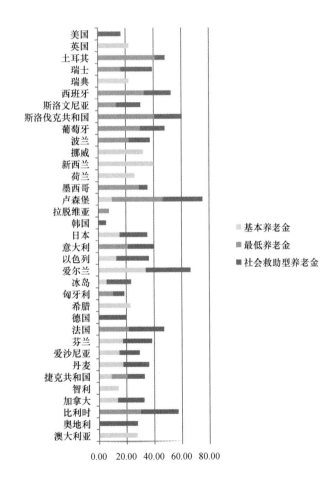

图 4 - 8　OECD 国家第一支柱养老金占平均工资收入的比重（2017）

注：根据 OECD，*Pensions at A Glance* 2017：*OECD and G20 Indicators*，Paris：OECD Publishing，Dec 2017，pp. 87 - 89 整理。

从覆盖率来看，数据显示的是非缴费的社会救助型和最低缴费型养老金（不包括基于居住条件的基础养老金，如新西兰），81%的丹麦老人至少能够领取到社会救助，76%的澳大利亚老人能够领取基础养老金，只有3%的老人有资格领取到安全网支付的国家有匈牙利、日本、卢森堡、葡萄牙和斯洛伐克共和国。

从最低养老金的覆盖率来看，近50%的法国老人和40%的葡萄牙老人可以领取到最低养老金，在比利时、意大利、卢森堡和西班牙大约30%的老人可以领取到最低养老金，匈牙利、斯洛文尼亚分别只有1%、2%的老人能够领取到最低养老金。[①]

发达国家的养老保障模式主要有两种：一是俾斯麦模式；二是贝弗里奇模式。两类模式虽然起点上有显著差异，但是经过一百多年的发展，两种模式在发展过程中相互借鉴，并有逐渐融合的趋势。多数国家采取贝弗里奇模式，在最低保障体系之上，逐步引入强制性的、部分基于缴费贡献的养老保障体系。20世纪80年代，绝大多数欧盟/欧洲经济区国家都已建立政府兜底的养老金制度，或普惠性的基础养老金，或基于收入核查的养老金，或是强制性的与收入及缴费贡献相关的养老保障体系，两类福利体系在制度模式上逐渐趋同与融合。[②]

从国际组织对养老保障制度的研究来看，虽然着眼点、理论背景、改革思路有很大不同，但基本上都与世界银行提出的多支柱思想一脉相承。无论是三支柱，抑或是三层次、四层次，均有一个共同点，即都将由政府绝对负责的最低生活保障养老金列为制度的基

---

① OECD, *Pensions at A Glance* 2017: *OECD and G20 Indicators*, Paris: OECD Publishing, Dec 2017, p. 88.

② 贡森、葛延风、王雄军等：《建立公平可持续的社会福利体系研究》，社会科学文献出版社2015年版，第24页。

础。我们知道公共养老金制度有两个基本目标，一是缓解贫困，二是实现个人一生平滑消费。这两个目标通常是靠两个层次的制度来实现的：第一层是最低或基础养老金，提供最低保障水平的养老金，解决低收入者的养老金给付问题；第二层是收入关联型养老金，提供适当水平的养老金，解决中高收入者的年轻和年老阶段的消费问题。虽然各个国家两个目标的侧重上有差异，但是养老金政策总体上是同时追求这两个目标，只是各自权重不同。世界银行的三支柱体系中，第一支柱的公共养老金制度目标是提供再分配，缓解老年人贫困；第二和第三支柱旨在维持老年人退休后和退休前生活水平相对稳定。从 OECD 国家的实践来看，大多数国家的养老金制度改革遵循了这个思路，建立了多层次体系，而且各自功能定位清晰。[①]

在国际上已经形成共识：无论从绝对水平还是相对水平，微观个体层面还是宏观政策层面，防止老年贫困和实现一定水平的收入替代是养老金制度的主要目标（ Holzmann，2005，Barr and Diamond，2009），从宏观的角度看，作为一项公共政策的养老金制度，旨在为老年贫困者提供基本的生活保障，并在代与代之间、不同收入群体间实现一定程度的收入再分配（Diamond，2009）。

第四节　典型国家的非缴费型养老金制度

一　普惠式非缴费型养老金制度的国家概况

根据数据库，在 113 个实行非缴费型养老金国家和地区中，笔

---

① 李珍：《基本养老保险制度分析与评估——基于养老金水平的视角》，人民出版社 2013 年版。

者挑选出的15个实行普惠式养老金制度的国家中（如表4-13），只有7个国家所需养老金的成本超过GDP的2%，其中中高收入国家有2个：毛里求斯（2.178%）、格鲁吉亚（2.955%），高收入国家有5个：澳大利亚（2.23%）、新西兰（3.867%）、挪威（4.511%）、丹麦（5.823%）、荷兰（6.488%）。

表4-13　　　　　　　　普惠养老金制度

按收入划分	国家	建立年份	美元（每月）	占人均GDP百分比（%）	占贫困线的比重（%）	资格年龄	占GDP的比重（%）
低收入	乌干达	2011	9	17	56	65	0.03
中低收入	玻利维亚	1997	36	15	180	60	1.08
	格鲁吉亚	2006	56	18	264	65（男）60（女）	2.96
	圭亚那	1993	65	0		65	1.06
	巴布亚新几内亚	2009	14	18	35	60	0.01
	萨摩亚	1990	59	7	42	65	0.89
	东帝汶	2008	30	19	255	60	0.53
中高收入	博茨瓦纳	1996	26	7	287	65	0.27
	毛里求斯	1958	118	14	532	60	2.18
	科索沃	2002	34	4	148	65	1.19
	纳米比亚	1949	60	0	337	60	0.56
高收入	苏里南	1973	153	17	1015	60	1.61
	文莱	1984	201	19	557	60	0.02
	荷兰	1957	1405	6	729	65	6.49
	新西兰	1898	1263	34	3138	65	3.87

注：根据国际助老会（2015）整理，贫困线指的是每天1.25美元。

在非正规劳动力比例高的中等收入国家，缴费型养老保险制度通常只覆盖很小一部分的劳动力，养老保险制度的覆盖面有限，而非缴费型养老金可以提供强有力的政策选择，将养老金制度的覆盖面扩大到非正规工人。在人口迅速老龄化的现实背景下，非缴费型养老金制度比缴费型养老金制度更具有优势[①]。全球很多国家也正在努力扩大缴费型养老金制度覆盖范围，并建立非缴费型养老金来保障老年群体的基本收入。[②]

二　毛里求斯的非缴费型养老金制度

毛里求斯是一个非洲岛国，位于印度洋马达加斯加群岛东面。它从 1598 年至 20 世纪中期一直是殖民地，先后被荷兰、法国、英国侵占。1968 年毛里求斯成为主权国。在刚独立的时候，毛里求斯面临着人口基数大、失业率高以及生活水平低的问题，但是，1980年开始出现了"毛里求斯奇迹"，即它的人均收入达到美国的40%。目前毛里求斯已跃为中高收入发展中国家的行列，在联合国人类发展报告中列出的 173 个国家中位居第 67 位。毛里求斯社会经济发展出现的成绩与它独立之后悄然建立起普遍保障的非缴费型养老金制度是有联系的。

1950 年 3 月，毛里求斯殖民地政府推出了基于家计调查式的非缴费型养老金制度。1958 年家计调查废止，建立普惠式养老金制度，所有达到领取资格年龄的老年人，只要满足居住年限的要求，无须受到收入调查和退休审查，都可以领取一笔养老金。1983 年，毛里求斯第一次根据老人年龄段划分了不同的年龄层次，年龄越

---

① Armando Barrientos, "What Is the Role of Social Pensions in Asia?" *ADBI Working Paper* 351, April 2012, p. 4.

② International Labour Office, *World Social Protection Report* 2014 – 15: *Building Economic Recovery, Inclusive Development and Social Justice*, Geneva: ILO, 2014, p. 73.

大,享受的非缴费型养老金数额越高。经过几十年的发展,毛里求斯成功建立了多支柱养老金保险体系,成为世界银行倡导的"五支柱"养老保险体系的典范。目前,毛里求斯已经形成一个以非缴费型养老金为基础、缴费型强制养老金为核心、多种企业年金和其他福利设施为补充的多层次、多支柱的养老保障体系。

毛里求斯当前非缴费型养老金制度主要内容如下:

(1)领取资格条件。毛里求斯采用了普惠制养老保障计划,不必进行收入测试和退休测试。每位60周岁及以上居民都有资格按月领取非缴费型养老金;在居住年限上,规定本国公民居住满12年才有领取资格,非本国公民则要求居住15年及以上。

(2)养老金待遇水平。2015年标准为每月118美元,占人均GDP的14%。

(3)覆盖面。非缴费型养老金计划的覆盖率高达102%。这一数字显然是不合理的,但是经过调查研究发现,毛里求斯的非缴费型养老金计划这么高的覆盖率可能是因为管理部门低估了老年人口的总数。

(4)融资机制。根据2015年国际助老会资料显示,实行非缴费型养老金所需资金占GDP的比重为2.178%,且全部来自于税收。该国非缴费养老金被作为普通收入征税,所得税几乎采用统一税率。尽管大多数60周岁及以上的养老金受益者没有其他收入,但是同样需要缴纳一部分的所得税,他们为家属或其他原因进行的开支可享受减免政策。

(5)业务管理机制。该计划由1976年的养老金法案管理,操作简单、管理成本低。

毛里求斯原先是个比较落后的国家,其建立起普遍保障的非缴费型养老金计划并且运行稳定,堪称奇迹。毛里求斯提供的经验之一就是在设定养老金的年龄方面,将养老金计划按照年龄组群差异化,尽量减少对有偿劳动能力人的保障,将年龄大的老人的养老金计划做得更充裕一些，这体现了人道主义，也符合越老开支越大的实际情况。二是在管理方面，这一计划可谓结构最简洁，运行成本最低。

三　新西兰的超级年金计划

1898年，新西兰建立起收入调查式的非缴费型养老金制度，即后来所说的"超级年金"（Superannuation）。采用税收融资、统一标准的养老金，受益对象是65周岁以上的、非亚裔的、基于家计调查基础之上的、"品质良好"的老年人。新西兰1940年建立普惠式非缴费型养老金，其公共养老金制度单一，只包括非缴费型养老金，即世界银行提出的"零支柱"，这是新西兰区别于世界上其他国家的重要标志——没有哪个发达国家仅仅依靠财政支持的非缴费型养老金制度来提供老年保障。

新西兰的非缴费型养老金制度结构如下：

（1）领取资格条件。新西兰的老人想要领取非缴费型养老金，满足的条件非常简单，只需达到指定的年龄和居住年限即可。领取养老金的要求是达到65周岁，并且自20周岁起至少10年得居住在新西兰，且其中5年是50周岁后居住的。

（2）养老金待遇水平。新西兰养老金待遇水平还是比较高的，根据2015年国际助老会资料显示，2015年新西兰养老金标准为每月1263美元，占人均GDP的34%。

（3）覆盖面。非缴费型养老保障计划的覆盖率非常高，高达97%，只有很少的人因为居住年限未达到政府规定的最低年限被排除在计划之外。

（4）融资机制。融资方式是政府收入的现收现付制，大部分来自累进所得税，2015年国际助老会数据显示，所需成本占GDP的比重为3.826%。

（5）业务管理机制。由政府管理，操作简单，管理成本低。

在养老金体系建设方面，新西兰算得上是一个比较有特点的国家：首先，制度建立时间较早，1898 年新西兰就建立起收入调查式的非缴费型养老金制度，即后来所说的"超级年金"。其次，公共养老金制度单一，新西兰超级年金是新西兰主要的养老保障支柱，也是唯一的公共养老金制度。从世界范围看，这种以非缴费型养老金作为主要养老保障支柱的做法也实属特例，但这种"一枝独秀"的养老保障模式却产生了较好的效果，对比 OECD 各国公共养老金支出和老年贫困状况，新西兰超级年金支出水平相对较低，并且老年贫困率长期低于 OECD 平均水平。[①]

第五节　经验与启示

目前，大多数国家的养老保障采取的是以缴费型为主，但在改革的过程中一些国家相继建立和完善非缴费型的养老保障制度，将缴费型养老金制度与非缴费型养老金制度相结合，成为这些国家养老保障制度改革实现公平与效率相结合目标的有效途径。

通过数据库和一些中低收入国家的实践可知，非缴费型养老金在财政上是可负担的，全球很多国家正在努力扩大缴费型养老金制度覆盖范围，并建立非缴费型养老金制度来保障老年群体的基本收入。[②] 确保

---

① 于环：《新西兰超级年金："一枝独秀"的养老保障模式》，《中国财政》2016 年第 1 期。

② Department, Social Protection, International Labour Office, "World Social Protection Report 2014/15 – Building Economic Recovery, Inclusive Development and Social Justice", *Working Papers*, 2014, p. 73.

全体老年群体，无论他们过去的工作如何，都能有足够的钱生存下去，确保不把大量的低收入老年人推向与其他困难群体相混合的最低生活保障制度，确保老年群体的贫困率在全社会各群体的贫困率中不是最高的。在发达国家，老年群体的低保与其他群体的低保的内容和水平等都不同，混合在一起难以操作。另外，虽然世界各国最低生活保障制度的保障水平因地区、物价不同等有差异，但是最低养老金的给付水平则在全国都相同，都由中央政府负担。[①]

一　经验

（一）制度设计趋向"统一化、保基本"

无论是世界银行提出的"五支柱"方案，还是欧洲国家养老金改革后的多层次体系，都将由政府负绝对负责的最低生活保障养老金（即非缴费型养老金）列为制度的基础。尽管支出金额占财政的比例不高，但因其具有全民共享的特征，在解决和预防老年贫困、实现社会最基本的公平方面，起到了不可替代的作用，以上原因决定了非缴费型养老金必定是多层次养老保障体系的制度基础，可以说，这个"基础"既是多层次养老保障体系最基本的层次，也是一个重要的组成部分。

世界上比较成熟的养老保障制度，都仅对"基础养老保险"部分进行国家财政补贴，只为基本养老金进行财政兜底。如英国政府只对国家基本养老金承担最后责任，并针对面临的财政可持续性风险，不断调整养老金三个层次的比例，以便使政府财政负担降到合理的范围之内。瑞典于1913年建立了世界上首个全民一

---

① 王新梅：《发达国家和地区公共养老金制度》，《中国社会科学报》2015年12月23日第4版。

体化的公共养老金制度，提供满足基本养老需求的替代率设计，规定只有国民基础养老金不缴费。20 世纪七八十年代，美国和日本在很大程度上形成了一体化的公共养老金制度，其保障对象逐渐覆盖几乎所有国民，没有任何制度漏损，均只负责保障基本生活层次，避免了劳动力市场的扭曲。[①]

（二）注重公平

纵观世界各国养老保险的发展与改革历程，虽然其制度安排各具特色，但均体现出公平、公正和共享的基本特征。其中包括瑞典、新西兰涵盖上至总统、下至一般雇员和任何职业群体在内、覆盖城乡且待遇相差不大的基本养老保险制度。其他许多国家也基本都建立了覆盖全体国民统一的养老保险制度，如加拿大的老年保障养老保险制度、荷兰的老年养老保险、新西兰的超级年金、澳大利亚的国民年金、韩国的国民养老保险制度以及印度的老年人救助专案等。

对于大多数发展中国家而言，非正规就业是长期的社会现象，单纯依靠缴费型养老金制度，不管是个人账户积累制还是现收现付制，均难以解决非正规就业群体的老年保障问题。特别是随着人口老龄化加速，当越来越多的人被排斥在养老金制度之外时，他们的晚年贫困将越来越严重，最终成为重大社会问题。解决的办法必然是尽快构建以基本养老金制度为托底的多层次养老体系。

（三）明确非缴费型养老金制度的功能定位

鉴于各国具体国情的不同，特别是缴费型养老金制度在覆盖面和收入再分配特性上的差异、社会救助制度的完善程度以及政府社

---

① 杨健、张金峰等：《转型期我国社会保障体系发展建设研究》，世界图书出版公司 2015 年版，第 87 页。

会管理能力上的差异，非缴费型养老金制度在多层次养老金制度体系中的目标定位亦有所不同。纵观世界各国养老金制度安排的具体实践，我们不难发现，非缴费型养老金制度在多层次养老金制度体系中的目标定位大体上可以分为两类：

其一，非缴费型养老金体系在多层次养老金制度中居于补充性地位，主要起到"拾遗补阙"的作用，即对那些因各种原因游离于政府强制性的缴费型养老金制度之外的贫困老年人提供收入支持，其受益资格条件一般是基于家庭经济状况调查，代表性国家包括美国、德国、俄罗斯、乌拉圭等。

其二，非缴费型养老金制度在多层次养老金制度中居于核心地位，往往以普遍保障型的国民年金形式存在，受益群体包括某一规定年龄以上的绝大多数或是全部老年人，代表性国家包括新西兰、澳大利亚、南非、玻利维亚、科索沃、尼泊尔、博茨瓦纳和毛里求斯等，其中，新西兰和爱尔兰甚至没有建立强制性的缴费型养老金制度。①

一般来说，政府为老年人提供收入保障制度安排时，主要基于防止老年贫困和促进平滑消费这两种考虑。显然，非缴费型养老金的功能定位只能是前者，而不能是后者，如果是后者，那么就必然意味着政府要给受益人提供较高的待遇水平，带来一系列负面效应，如加重政府转移支付成本并在经济下滑时影响财政收支平衡、激励人们尽早退出劳动力市场、抑制人们年轻时的自我储蓄行为等。②

---

① 胡秋明：《可持续养老金制度改革的理论与政策研究》，博士学位论文，西南财经大学，2009年，第151—153页。

② 齐传钧：《拉美社会养老金的精准扶贫与效果分析》，《国际经济评论》2016年第6期。

二　启示

中国是目前世界上唯一在 2008 年金融危机之后还大规模推行强制性缴费型养老金制度的国家，在全世界上百年养老金的历史上也没有一个国家曾经实施过这么高的缴费率。中国人无论贫富都是百分之百为公共养老金制度缴费，而且大多数老人都得不到能够保障最低生活水平的公共养老金，相比之下，发达国家虽然为了应对人口老龄化而促进和发展自愿参保的积累制养老金，但是这些积累制养老金的发展都是建立在已有充实的、覆盖全体国民的、防止老年贫困的基础养老金制度的基础之上。与之相反，中国还远不具备这样的条件，大多数农村老人领取的公共养老金不到农村最低生活保障水平的 1/3。①

中国城乡居民养老保险制度由来源于一般税收的基础养老金和来源于缴费的个人账户构成，其中基础养老金采用现收现付的模式，是属于世行分类模型中的零支柱养老金，而积累的个人账户则属于世行模型的第二支柱。综观世界各国，除中国零支柱养老金制度中的个人账户外，几乎没有哪个国家在覆盖低收入群体的零支柱中引入个人账户②，所以未来中国城乡居民养老保险制度的改革一定是先分离出个人账户，将基础养老金提升为水平更高的国民年金。

---

① 王新梅：《公共养老金"系统改革"的国际实践与反思》，《社会保障评论》2018 年第 2 期。
② 同上。

第五章　我国养老保险制度的历史变迁及现状分析

第一节　我国养老保险制度的发展历程

我国在几千年的农耕社会中，一向以家庭生产及自给自足的自然经济为主，家庭负担着生产生活的各种职能，一个人从生到死完全依靠家庭，老年人的生活也要依靠家庭成员的支持、帮助和照顾。自给自足的个人养老和家庭养老都是非正式的制度安排，在中国漫长的历史长河中发挥了不可替代的作用，但从本质上来看，这并不属于养老保险制度的范畴。在儒家思想的影响下，传统的"家庭养老"模式成为中国长期以来老年生活保障的重要方式。然而，随着工业化、城镇化和老龄化的出现，子女数量减少且大都不在父母身边，单纯的"家庭养老"已经难以完全实现老年生活保障，因而催生了社会化养老方式走上历史舞台①。

以 1951 年实施的《劳动保险条例》为标志建立的国家保障型劳动者养老保险制度，将中国历史上由家庭承担的养老风险开始转由政府承担，这是中国历史上第一个劳动者养老保险制度，属于非

---

① 董克用、张栋：《中国养老金体系改革变迁：成就与挑战》，《清华金融评论》2017 年第 s1 期。

缴费型养老保险制度。而现阶段我国的养老保险制度是由城镇职工基本养老保险制度、城乡居民基本养老保险制度、机关事业单位养老保险制度组成的"统账结合"型社会养老保险体系。

本章将从城镇和农村两个方面来梳理我国现代养老保险制度的变迁。

一 城镇职工及机关事业单位养老保险制度的变迁

城镇职工及机关事业单位养老保险制度的变迁大致可概括为五个阶段。

第一阶段:养老保险制度创立阶段(1951—1966 年)。随着新中国的成立,以国家和集体责任为主导的养老金制度开始建立。在城镇,1951 年政务院颁布的《中华人民共和国劳动保险条例》规定企业向全国总工会缴纳劳动保险金,企业职工退休后享受养老待遇。在当时,由于工龄计算和工资水平的差异,国家机关和事业单位工作人员未加入《劳动保险条例》[1]。

1953 年,政务院修订《中华人民共和国劳动保险条例》,扩大了养老保险的实施范围,并做出了详细的规定:企业按月缴纳相当于企业职工工资总额的 3% 作为社会保险基金,其中 30% 上缴中华全国总工会作为社会保险总基金,70% 存于各企业工会,用于退休退职专用,规定退休费为职工本人工资的 50%—70%。

1955 年,国务院颁布《国家机关工作人员退休处理暂行办法》,首次对国家机关、事业单位工作人员的退休条件和退休待遇做了规定:男年满 60 周岁,女年满 50 周岁,有一定的工作年限即可退休,退休费按工作年限的长短,以退休时基本工资的 50%—

---

① 柳玉臻:《中国多支柱养老保险体系构建初探——基于加拿大的经验分析与启示》,《社会建设》2016 年第 2 期。

80%计发，经费完全来源于财政。

1958 年，国务院颁布《关于工人、职工退休处理的暂行规定》对国家机关、团体、企事业单位的工作人员实行了统一的养老保险制度，并制定了因公因病完全丧失劳动能力人员的退休办法。

第二阶段：我国养老保险制度遭受严重破坏阶段（1967—1977年）。"文化大革命"对养老保险制度影响很大，职工养老保险制度由各企业自理，公务员的退休政策被迫终止。

第三阶段：我国养老保险制度恢复、调整阶段（1978—1986年）。经过"文化大革命"十年的中断，1978 年 6 月 2 日，国务院颁布了《关于安置老弱病残干部的暂行办法》和《关于工人退休、退职的暂行办法》，这标志着我国养老保险制度从此进入了制度恢复期，但同时也将 1958 年统一起来的企业和机关退休、退职制度重新分化为两个分离的制度。

1982 年，十二届三中全会通过了关于经济体制改革的决定，在城市和工业部门正式开始了市场化改革。养老保险制度越来越成为国有企业的沉重负担，各级政府不得不承担支付国有企业职工养老金的责任，于是在 20 世纪 80 年代中期，全国范围内开始形成地方层次上的养老保险统筹方案，而由于地域和部门差异，体制极度分割化，养老金权益基本上不能跨地域转移，给劳动力的流动造成很大的障碍。

1983 年，针对城镇集体企业保障能力弱的问题，国务院在《关于城镇集体所有制经济若干政策问题的暂行规定》中提出，集体企业要根据自身的经济条件，提取一定数额的社会保险金，逐步建立社会保险制度，解决职工年老退休、丧失劳动能力的生活保障问题。

从 1985 年起（有的地区从 1984 年起）各地纷纷进行了重建养老保险社会统筹制度的试点，恢复退休费在市、县一级或行业内部实行社会统筹。

第四阶段：养老保险制度改革创新阶段（1987—2007年）。对养老保险制度筹资模式、养老保险待遇计发办法、养老保险基金增长方式等进行结构式创建，我国养老保险制度逐步实现社会化发展。

1986年，《中华人民共和国经济和社会发展第七个五年计划》发布，明确提出要逐步建立和健全适应新形势需要的社会保障制度，并首次提出要以社会化管理为主。对于城镇职工，建立起劳动合同工人的养老保险制度，国家、集体和个人共同出资的社会养老保险制度开始形成。

1987年，国务院发布《国营企业实行劳动合同制暂行规定》，明确规定国家对劳动合同制工人的退休养老保险实行社会统筹，退休养老金的来源由企业和劳动合同制工人共同缴纳，这是我国养老保险制度变革的主要标志。

1991年6月26日，国务院发布了《关于企业职工养老保险制度改革的决定》，确立我国养老保险实行社会统筹、三方共担费用的原则。第一次提出"国家提倡、鼓励企业实行补充养老保险"，与此同时，部分城市开始了基本养老保险社会统筹与个人账户相结合的试点。

1993年，党的十四届三中全会做出了《关于建立社会主义市场经济体制改革若干问题的决定》，提出建立社会统筹和个人账户相结合的养老保险制度，提出养老保险融资方式由现收现付制向基金制过渡。

1994年颁布的《劳动法》将补充养老保险用法律的形式确定下来，其中规定："国家鼓励用人单位根据本单位实际情况为劳动者建立补充养老保险。"

1995年，原劳动部为贯彻《劳动法》，制定下发了《劳动部关于印发〈关于建立企业补充养老保险制度的意见〉的通知》，同年，国务院发布了《关于深化企业职工养老保险制度改革的通知》，进一步明确了企业职工养老保险实行社会统筹与个人账户相结合的原则。

鉴于全国养老保险制度的混乱局面，1997 年国务院出台《关于建立统一的企业职工基本养老保险制度的决定》，进一步提出建立社会统筹和个人账户相结合的养老保险制度，并提出建立多层次的养老保险体系。

1998 年，劳动和社会保障部成立，全国社会保障行政管理体制走向统一。同年 7 月，我国开始打破行业统筹等非属地统筹管理模式的养老保险制度，国务院出台《关于实行企业职工基本养老保险省级统筹和行业统筹移交地方管理有关问题的通知》，此后，行业统筹模式逐步被取消，统账结合模式的基本养老保险属地管理得到贯彻，并逐步向省级统筹过渡。

1999 年下发的《国务院批转整顿保险业工作小组保险业整顿与改革方案的通知》，明确界定企业补充养老保险属于商业保险范畴，规定社会保险机构不得进入企业补充养老保险领域，这标志着我国的企业补充养老保险真正开始迈向社会化、商业化经营。统账结合的养老保险制度在理论上兼顾了效率与公平，具有科学性与合理性，但是，在中国的实践中却出现了严重的"空账"问题，严重影响城镇职工养老保险制度的发展。

为了解决"空账"问题，规范养老保险制度，2000 年 12 月 25 日，国务院出台《关于印发城镇社会保障体系试点方案的通知》，重点对正在确立中的基本养老保险制度进行改进，包括分离基本养老保险的社会统筹与个人账户，对社会统筹基金与个人账户基金实行分账管理，并逐步作实个人账户，将企业补充养老保险正式更名为"企业年金"，确立了企业年金是养老保险体系第二支柱的地位。

2005 年出台的《国务院关于完善企业职工基本养老保险制度的决定》指出，当前及今后一个时期，要以非公有制企业、城镇个体工商户和灵活就业人员参保工作为重点，扩大基本养老保险覆盖范围。今后，城镇各类企业职工、个体工商户和灵活就业人员都要参加企业职工基本养老保险。城镇个体工商户和灵活就业人员参加基本养老保险的缴费基数为当地上年度在岗职工平均工资，缴费比例为20%，其中8%记入个人账户，退休后按企业职工基本养老金计发办法计发基本养老金。

第五阶段：养老保险制度不断完善阶段（2008年至今）。2010年通过、2011年实施的《社会保险法》规定，"社会保险制度坚持广覆盖、保基本、多层次、可持续的方针，社会保险水平应当与经济社会发展水平相适应"，至此，我国基本养老保险制度的实施有法可依。

虽然随着2008年10号文、2011年5号文的颁布，以及确定重庆、山西、广东、上海、浙江5省市为试点省市，决定将机关事业单位公务员退休制度和城镇职工基本养老保险制度并轨，实行的筹资模式是社会统筹与个人账户相结合，但是机关事业单位养老保险制度改革直到2015年才迈进实质性的运行步骤。2015年国务院出台《关于机关事业单位工作人员养老保险制度改革的决定》，从2014年10月1日起对机关事业单位工作人员养老保险制度进行改革，机关事业单位基本养老保险制度也实行社会统筹与个人账户相结合的模式，由单位和个人共同缴费。

2015年11月3日，《中共中央关于制定国民经济和社会发展第十三个五年规划的建议》（以下简称"十三五"规划），明确提出"建立更加公平可持续的社会保障制度"。"十三五"规划认识到了中国社会保险覆盖率低和断缴问题的严重性，提出了"全民参保计划"，目标是"基本实现法定人员全覆盖"。

2017年10月18日党的十九大提出按照兜底线、织密网、建机制的要求，全面建成覆盖全民、城乡统筹、权责清晰、保障适度、可持续的多层次社会保障体系。

自 2018 年 5 月 1 日起，在上海市、福建省（含厦门市）和苏州工业园区实施个人税收递延型商业养老保险试点。

二　城乡居民养老保险制度的发展

第一阶段，1949—1977 年的萌芽阶段。在这个阶段我国并没有严格意义上的农村养老保险制度，因此这个阶段被诠释为五保供养与集体供养期。

第二阶段，1978—2002 年农村社会养老保险建立及试点阶段。1978 年、1982 年、1987 年民政部分别对农村的社会保障制度进行改革试点和研究，在各生产队实行养老金制度、提出建立农村基本社会养老保险制度等，加快了各地农村建立社会养老保险制度改革的步伐。

1991 年国务院授权民政部继续进行试点工作。

1992 年民政部针对县级农村提出建立农村养老保险的基本原则和具体做法。

1995 年民政部《关于进一步做好农村社会养老保险工作意见的通知》的出台大力推进了农村养老事业的发展。

第三阶段，2003—2014 年建立新型农村养老保险制度阶段。

2008 年，中共中央七届三中全会指出，按照个人缴费、集体补助、政府补贴相结合的要求，建立起新型农村社会养老保险制度。

2009 年，新型农村社会养老保险开始试点，农民开始享有政府补助的公共养老金。

2011 年，城镇居民社会养老保险试点推开。

第四阶段，2014 年至今城乡居民养老保险阶段。

2014 年 2 月 7 日，国务院常务会议提出，建立统一城乡居民基本养老保险制度是一项具有实质意义的改革突破。这意味着我国开始从城乡养老保险制度分别建设阶段，进入打破公共服务城乡二元制度、推进制度并轨的新阶段。

在基本养老保险方面，早先的养老金全部来自于企业，职工个人不需要缴费；国家机关和事业单位工作人员的养老金全部来自于国家财政，个人不承担缴费义务。改革开放之后，国家实施新的养老保险制度，明确其资金来源于国家、集体和个人，其中工薪劳动者的社会保险基金主要由用人单位和参保人员缴费构成，国家财政给予一定的保费补贴并承担基金的兜底责任。后来实施的城乡居民基本养老保险制度的资金，则来自于财政出资、个人缴费和集体补贴。

三　当前我国基本养老保险制度的内容

养老保险制度在我国的发展是分分合合、修修补补的，沉淀出了公务员退休制度、职工养老保险制度、旧农保制度，被征地农民以及农民工养老保险制度，新农保，城镇居民养老保险，城乡居民养老保险制度，机关事业单位工作人员养老保险制度等不同制度模块。

中国现行的养老保险制度是由城镇职工基本养老保险制度、机关事业单位养老保险制度以及城乡居民养老保险制度构成，如表5-1所示。

现行的养老保险制度主要有如下特点：（1）在制度功能上，实现了由"企业保障"向"社会保障"的转变，体现了制度的社会互济作用，已经实现了制度上的全覆盖；（2）初步建立多层次的养老保障体系：基本养老保险为第一层次，企业年金、职业年金为第二层次，个人储蓄性养老保险以及商业养老保险为第三层次。

表 5 – 1　　　　　　　　　当前我国的养老保险制度

养老保险类别	覆盖人群	资金来源
机关事业单位工作人员养老保险	机关事业单位工作人员	基本养老金：单位（20%）和个人（8%）分别缴费； 职业年金：单位（8%）和个人（4%）分别缴费
城镇职工基本养老保险	企业职工、无雇主的个体工商户及灵活就业人员	雇主和雇员共同缴费，雇主（20%），雇员（8%）；其他人员可以个人自愿缴费参与（28% 的费率全部个人缴纳）
城乡居民社会养老保险	城镇非从业居民，农村居民，包括农民工	个人自愿按档次缴费；政府财政补贴

第二节　我国基本养老保险制度的现状及存在的问题

经过多年的改革和发展，我国基本养老保险制度不断完善，养老金水平不断提高，制度的覆盖面已从城镇扩大到乡村，从国有企业扩大到各类企业，从正规就业群体扩大到非正规就业（灵活就业）群体。机关事业单位养老保险制度改革已经完成，城乡居民养老保险制度得以合并实施。以基本养老保险为基础，包括企业年金、职业年金、商业保险的多层次养老保险体系加速形成。根据人力资源和社会保障部发布的《2016 年度人力资源和社会保障事业发展统计公报》，2016 年年末全国参加基本养老保险人数为 88777 万人，比 2015 年年末增加了 2943 万人。全年基本养老保险基金收入 37991 亿元，基本养老保险基金支出 34004 亿元，2016 年年末基本养老保险基金累计结存 43965 亿元。与此同时，我们也应看到，在经济进入新常态、社会即将进入深度老龄化的时刻，我国的基本养老保险制度仍面临很多挑战。

一 取得的成就

经过多年的改革发展，基本养老保险制度覆盖范围不断扩大，从城镇扩大到乡村，建立起了统一的城乡居民养老保险制度，成为世界上覆盖人群最多的养老保障计划。截至2016年年底，城乡居民养老保险覆盖了5.08亿人，领取人数1.59亿人，对保障人民基本生活、调节社会收入分配、促进城乡经济社会协调发展发挥了重要作用。

（一）参保人数逐年稳步增长

基本养老保险参保人数不断增加，如图5-1所示，参加基本养老保险总人数从2010年的35984.1万人开始，增加到2016年年底的88776.8万人。其中，如表5-2所示，参加城镇职工基本养老保险人数从2010年的25707.3万人增加到2016年的37930万人，参加城乡居民基本养老保险人数从2010年的10276.8万人增加到50847万人。

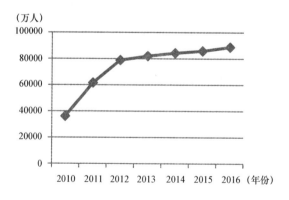

图5-1 2010—2016年我国参加基本养老保险总人数趋势

表 5 - 2　　　　　2010—2016 年我国基本养老保险参保人数　　　单位：万人

年份	年末参加基本养老保险总人数	参加城镇职工基本养老保险人数	参加城乡居民基本养老保险人数
2010	35984.1	25707.3	10276.8
2011	61573.3	28391.3	33182
2012	78796.3	30426.8	48369.5
2013	81968.4	32218.4	49750.1
2014	84231.9	34124.4	50107.5
2015	85833.4	35361.2	50472.2
2016	88776.8	37929.7	50847.1
2017	91548.3	40293.3	51255.0

资料来源：根据 2018 年《中国统计年鉴》整理，其中 2007 年及以后城镇基本医疗保险基金中包括城镇职工基本医疗保险和城镇居民基本医疗保险；2010 年及以后基本养老保险基金中包括城镇职工基本养老保险和城乡居民基本养老保险。

我国在社会保险扩大覆盖面方面取得的成绩得到国际社会的高度认可，2016 年 11 月国际社会保障协会第 32 届全球大会授予中国政府"社会保障杰出成就奖"。

（二）基本养老金待遇水平不断提高

养老保险水平已经 14 年连续上涨，据人社保 2017 年数据，全国企业退休人员月人均基本养老金从 2012 年的 1686 元提高到 2016 年的 2362 元，增长 676 元，年均增长 8.8%。[1]

城乡居民基本养老保险待遇不断提高。2014 年 7 月国务院首次统一提高全国城乡居民基本养老保险基础养老金最低标准，从每人每月 55 元提高到 70 元，再到 2018 年 1 月 1 日每人每月 88 元。

---

[1]《2016 年基本养老保险参保 88777 万人社会保险基金总收入约 53563 亿》，2017 年 5 月 26 日，中研网（http://www.chinairn.com/news/20170526/103055388.shtml）。

2016 年年底，城乡居民月人均养老金达到 117 元，其中月人均基础养老金达到 105 元。2017 年全国领取城乡居民养老保险待遇人数达到 15598 万人，月人均领取 125 元。

（三）养老保险基金规模不断壮大

2017 年全年基本养老保险基金总收入 46613.8 亿元，其中，全年城乡居民基本养老保险基金收入 3304.2 亿元，2017 年年末基金累计结存 46613.8 亿元。表 5 - 3 显示了我国养老保险基金收支及累计结余情况。

表 5 - 3　　　　　2010—2016 年基本养老保险基金收支情况　　　单位：亿元

年份	养老保险基金收入	养老保险基金支出	累计结余（亿元）
2010	13872.9	10755.3	15787.8
2011	18004.8	13363.2	20727.8
2012	21830.2	16711.5	26243.5
2013	24732.6	19818.7	31274.8
2014	27619.9	23325.8	35644.5
2015	32195.5	27929.4	39937.1
2016	37990.8	30004.3	43965.2
2017	46613.8	40423.8	50202.2

资料来源：根据 2018 年《中国统计年鉴》整理。

二　当前基本养老保险制度面临的风险与挑战

Holzmann（2008）在世界银行报告中指出，评价一个多支柱养老保障制度主要有以下六个指标：充足（Adequacy）、可负担（Affordability）、可持续（Sustainability）、公平（Equity）、可预见

（Predictability）和稳健（Robustness）[①]。

根据世界银行专家的建议，养老保险制度的政策目标主要包括以下几个方面：一是养老金的充足性，主要指标是替代率，指养老金应满足退休者基本生活需要并能够有效抵御老年贫困；二是可负担性，养老金筹资合理且可承受，主要指缴费率维持在个人和社会的融资能力之内，而且没有过分地取代其他社会经济需求或者造成难以维持的财政后果；三是制度公平性，养老金体系属于二次分配范畴，特别是基本养老金作为防止老年贫困的社会安全网和调节社会收入的再分配方式，必须以公平性作为制度设计的出发点；四是可持续性，长期财务收支平衡且可持续，并能在合理假设内可以预见，能够承受一定程度的冲击，即养老金制度能够抵御人口、经济等因素的意外冲击。鉴于此，本部分内容围绕养老金充足性、可负担性、公平性及可持续性等目标来分析我国的基本养老保险制度存在的缺陷及面临的挑战。

（一）不充足

所谓养老金的充足性，是指养老金提供的待遇除了能保证绝大多数人退休后消费水平不会明显下降，保持相对稳定性，还应足以防止所有老年人陷入绝对贫困，一般用覆盖率和替代率来衡量。

1. 基本养老保险尚未实现全覆盖

覆盖率是衡量养老保险制度充足性的指标之一，全面覆盖是完善中国养老保险制度的重要任务。我国在扩大基本养老保险制度覆盖方面取得了巨大成就，制度覆盖人口数量达到9亿多人，但是由于各种原因，我国相当多数量的农民工、灵活就业人员等群体没有参加养老保险。有数据显示，2011年全国城乡养老保障平均覆盖率为62.38%，其

[①]　Robert Holzmann, Richard Paul Hinz and Mark Dorfman, "Pension Systems and Reform Conceptual Framework", *Social Protection Discussion Paper* No. 0824, TheWorld Bank, 2018, p. 4.

中，城乡养老保险覆盖率最高的是北京和上海，均超过90%，广西壮族自治区、吉林省、四川省的覆盖率均不足40%。胡晓义（2014）表示我国养老保险还有将近2亿符合条件的人员没有被纳入覆盖范围。

从全覆盖的难点看，城镇主要是农民工、网络经济从业人员、家政服务人员、部分贫困人口、城镇个体从业人员和残疾人等，他们多数在非公有制经济组织和小微企业工作，经济规模小、经营方式灵活、工作不稳定、收入偏低、缺乏缴费能力；农村主要是部分年龄较轻的农村居民缺乏缴费意愿，部分贫困人口缺乏缴费能力。根据国家统计局发布的《2014年全国农民工监测调查报告》，2014年，农民工参加基本养老保险的比例为16.7%，而在高龄农民工聚集的建筑行业，养老保险的参保率仅为3.9%，依照2014年的2.77亿农民工计算，仅有不到1/5的农民工缴纳了养老保险，剩余的农民工将来如何养老？

从国际经验来看，过于依赖缴费型养老金制度往往会导致养老保险制度的覆盖面过低。缴费型养老金制度更适合于具有缴费能力的收入阶层，而低收入人群和没有缴费能力的贫困人口往往由于缴费能力的限制，不能被制度覆盖，尤其是一些经济欠发达的偏远地区，家庭缺乏经济来源，维持基本的生活已经不容易了，那么这部分人群会更倾向于选择不参保，将收入投入于衣食住行等基本的生存需要。

2. 养老金待遇水平持续低位

养老金替代率是强制养老金（基本养老金）、以雇主为基础的企业年金、自愿性养老金、私人养老金等多种养老金综合而成的替代率。养老金替代率作为劳动者退休时的养老金领取水平与退休前工资收入水平之间的比率，也是衡量劳动者退休前后生活保障水平差异的基本指标之一。依据世界银行的建议，养老金替代率保持在70%—80%可以保证劳动者退休后生活水平基本维持不变，60%的替代率只能保证基本的生活；国际劳工组织在《社会保障最低标准公约》规定，如果养老金替代率低于55%，就属于"警戒线"以下。养老金替代率水平是制度的核心问题，直接关系到城乡老年居民的生活保障程度，然而从现实来看，我国的养老金替代率水平严重偏低，首先，作为养老保险制度核心的第一支柱，是当前我国养老收入的主要来源，然而，在没有第二、三支柱补充的情况下，养老保险待遇水平相对较低。基本养老保险在制度建立之初，替代率维持在70%左右，然而2000年以后，随着老龄化的不断加剧，其替代率持续下降，从1997年的70.79%下降到了2014年的45%，已经处于国际劳工组织公约划定的养老金替代率警戒线之内。

（1）城乡居民养老保险水平严重偏低

尽管我国城乡居民基础养老金部分由中央财政补贴，补贴标准从2014年的每人每月55元，提高到2018年的每人每月88元，但由于筹资水平过低，城乡居民养老金水平无论是绝对值还是相对值都被认为偏低。截至2016年年底，城乡居民月人均养老金117元，其中月人均基础养老金105元。这种低水平的政府提供的每月88元的"城乡居民基础养老金"对于60周岁以上的老人群体来说，几乎无法满足老年人的基本生活需求，加上家庭养老功能在逐步弱化，可以预见的是在政府和家庭保障双缺失的情况下农村老人陷入贫困，甚至是极度的困境也在所难免。

另据人社部统计数据测算，2012年，我国城镇职工人均养老金水平约为2.06万元，新农保为859.15元，前者是后者的24倍多。民政部的数据显示，截至2013年年底，全国城市低保对象月人均保障标准为373元，月人均补助为252元，合计月人均可获得625元，农村低保对象月人均保障标准为202元，月人均补助111元，合计月人均可得到313元，而2013年城乡居民基本养老金月人均则只有81元，还不到城市低保金的1/7，是农村低保金的1/3。

（2）城镇职工基本养老保险替代率持续走低

从表5-4可以看出，从2000年到2015年，我国城镇离退休人

员的数量不断增加,与此同时,城镇退休人员的人均养老金支出也
不断增加。从绝对数量来看,2000 年我国城镇离退休人员人均养老
金为6673.71 元/年,到2016 年上涨为31527.8 元/年。从相对指标
来看,2000 年之前我国城镇基本养老金替代率水平总体在
71.22%,2006 年以前替代率水平仍在50% 以上,但从2000 年到
2013 年,我国城镇职工基本养老金替代率水平从71.22% 下降到
43.85%,养老金替代率水平明显呈下降的趋势。虽然从2014 年
开始有所提高,但是其增长幅度微乎其微,且仍然没有达到国际
上公认的维持基本生活水平的标准60% —70%。这说明虽然我国
城镇养老金水平在不断上涨,但是我国城镇基本养老金替代率水
平却持续偏低,退休者的生活水平仍没有得到有效保障。

表5 - 4   城镇职工基本养老保险

年份	城镇基本养老保险基金支出(亿元)	离退休人员(万人)	退休人员平均养老金(元/年)	城镇在职职工平均工资(元/年)	平均替代率(%)
2000	2115.50	3169.90	6673.71	9371	71.22
2001	2321.30	3380.60	6866.53	10870	63.17
2002	2842.90	3607.80	7879.87	12422	63.43
2003	3122.10	3860.20	8087.92	14040	57.61
2004	3502.10	4102.60	8536.29	16024	53.27
2005	4040.30	4367.50	9250.83	18364	50.37
2006	4896.70	4635.40	10563.71	21001	50.30
2007	5964.90	4953.70	12041.30	24932	48.30
2008	7389.60	5303.60	13933.18	29229	47.67
2009	8894.40	5806.90	15316.95	32736	46.79
2010	10554.90	6305.00	16740.52	37147	45.07
2011	12764.90	6826.20	18699.86	42452	44.05
2012	15561.80	7445.70	20900.39	47593	43.91

续表

年份	城镇基本养老保险基金支出（亿元）	离退休人员（万人）	退休人员平均养老金（元/年）	城镇在职职工平均工资（元/年）	平均替代率（%）
2013	18470.40	8041.00	22970.28	52388	43.85
2014	21754.70	8593.40	25315.59	57361	44.13
2015	25812.70	9141.90	28235.60	63241	44.65
2016	31853.80	10103.40	31527.80	68993	45.70

资料来源：2001—2011 年城镇基本养老保险基金支出和离退休人员数据来源于《中国统计年鉴2012》；2012—2015 年数据来源于人力资源社会保障部年度统计公报；2001—2015 年城镇在职职工平均工资数据来源于国家统计局官网。

注：2001—2015 年退休人员人均养老金＝城镇基本养老保险基金支出/离退休人员；2001—2015 年养老金替代率＝人均养老金支出/上年度城镇在岗职工平均工资。

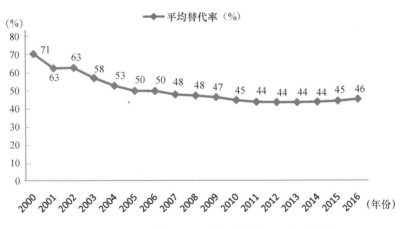

图 5 - 2　我国城镇基本养老保险替代率水平发展趋势

从 2005 年开始到 2018 年，尽管国家连续 14 年提高企业退休人员养老金水平，但基本养老金替代率仍然处于较低水平，2016 年下降至 45%，也就是退休后的工资水平不到退休前的一半，退休人员的基本生活保障面临着较大风险。

再从国际比较来看，在 32 个经济体的基本养老金替代率和缴费率的排行榜上（见表 5 – 5），中国的替代率位列第 24 位，是倒数第 9 位，既低于欧盟 61.8% 的平均水平，也低于 OECD 国家 57.5% 的平均替代率水平。但是，在缴费率排行榜上，中国排名第 7 位，名列前茅，高于欧盟和 OECD 的平均水平。①

表 5 – 5　　　　　　　部分国家的养老金替代率和缴费率

国家	缴费率		替代率	
	缴费率水平（%）	排序	替代率水平（%）	排序
匈牙利	33.5	1	75.8	9
意大利	32.7	2	64.5	12
巴西	31	3	85	5
智利	19.8	4	44.9	25
西班牙	28.3	5	81.2	6
捷克共和国	28	6	50.2	21
中国	28	7	46.8	24
俄罗斯	26	8	62.7	14
斯洛文尼亚	24.4	9	62.4	15
印度	24	10	65.2	11
阿根廷	23.7	11	78.1	7
奥地利	22.8	12	76.6	8
欧盟 27 国平均	22.5	—	61.8	—
爱沙尼亚	22	13	48	23
芬兰	21.6	14	57.8	19
希腊	20	15	95.7	2
土耳其	20	16	64.5	13
德国	19.9	17	42	28
OECD 34 成员国平均	19.6	—	57.5	—
波兰	19.5	18	59	16

---

① 郑秉文:《"多层次混合型"养老保障体系与第三支柱顶层设计》,《社会发展研究》2018 年第 2 期。

国家	缴费率		替代率	
	缴费率水平（%）	排序	替代率水平（%）	排序
瑞典	18.9	19	58.4	17
斯洛伐克	18	20	57.5	20
沙特阿拉伯	18	21	100	1
荷兰	17.9	22	88.1	3
法国	16.7	23	49.1	22
比利时	16.4	24	42	29
卢森堡	16	25	87.4	4
日本	15.4	26	34.5	31
美国	12.4	27	39.4	30
加拿大	9.9	28	44.4	26
瑞士	9.8	29	57.9	18
韩国	9	30	42.1	27
以色列	6.9	31	69.6	10
印度尼西亚	6	32	14.1	32

资料来源：郑秉文：《"多层次混合型"养老保障体系与第三支柱顶层设计》，《社会发展研究》2018年第2期，第80－81页。

（二）负担重

2010年有研究称，按照世界银行2009年最新测算的实际承受税率，中国的社会保险缴费在181个国家中排名第一，约为"金砖四国"其他三国平均水平的2倍，是北欧五国的3倍，是G7国家的2.8倍，是东亚邻国和邻近地区（中国香港和中国台湾）的4.6倍。[1]这里笔者根据OECD（2012年）数据库，整理发现中国基本养老保险缴费率虽然不是世界第一[2]，但确实属于缴费率最高的国家之一

---

① 《研究称中国社保缴费率居全球第1是北欧国家3倍》，2010年3月，搜狐新闻网（http://news.sohu.com/20100311/n270734905.shtml）。

② 有研究发现中国社会保险缴费在181个国家中排列第一，参见肖余恨《"社保缴费比例世界最高"之憾》，《新京报》2011年3月12日第A4版。

（如图 5 – 3 所示），高于大多数发达国家，是加拿大的两倍多、韩

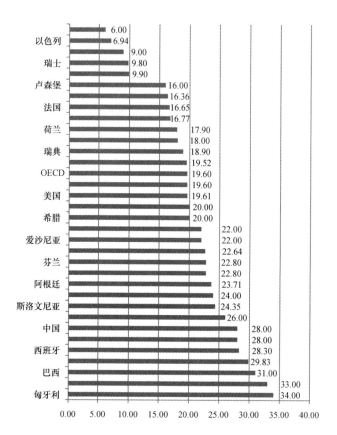

图 5 – 3　2012 年 OECD 及 G20 国家养老金缴费率

注：根据 OECD, *Pensions at A Glance* 2013：*OECD and G20 Indicators*, Paris：OECD Publishing, Dec 2013, p. 169, Chapter 6 Finances of Retirement-income Systems, Table 6. 1. Public Pension Contribution Rates and Revenues 整理。其中，澳大利亚、丹麦和墨西哥只有私人养老保险，爱尔兰、冰岛、挪威、葡萄牙和英国①养老金没有单独的缴费，新西兰和南非不缴费。

---

① 如英国，缴费率方面，英国国民保险总缴费率为 25. 8% ，其中雇主和雇员的缴费率分别为 13. 8% 、12% 。英国国民保险缴费类似于社会保险缴费，其资金用途包括免费医疗保健、无工作能力福利金、就业及援助津贴、缴费型求职者津贴、丧亲津贴、生育津贴等。

国的 3 倍多。从企业雇主的缴费来看，中国企业 20% 的费率是德、法的两倍，是美、日的三倍，是加拿大、瑞士和韩国的 4 倍，2012 年 OECD 国家社会公共养老金的平均缴费率为 19.6%，欧盟 27 国平均水平为 22.67%，均低于我国 28% 的缴费率水平。

较高的缴费率可以为养老基金带来更多的基金收入，但同时过重的缴费负担会增加企业的成本，也影响个人当期工资收入，会使企业和职工缺乏缴费激励，出现逃避缴费的现象（Bailey & Turner，2001；赵耀辉和徐建国，2001）。由于基本养老保险费率法定不可更改，为了减轻缴费负担，大量企业在缴纳时隐瞒员工的真实收入、做小缴费基数，以减少所需缴纳的费用。过重的缴费负担不仅影响企业竞争力，也影响到个人当期工资收入，高缴费率导致了低覆盖率，而低覆盖率又使政府难以降低过高的税率，中国的养老保险制度已经陷入"缴费率高—覆盖率低—赡养率高—缴费率高"的恶性循环。

根据 51 社保网的调研，75% 的企业未按照职工真实的工资实际核定，36% 的企业统一按最低基数来申报社保，据人社部数据，2012—2016 年，全国共查出少缴五项社会保险费 153 亿元[①]。

从个人来看，低收入人群和没有缴费能力的贫困群体往往由于缴费能力的限制，而不能被制度覆盖。尤其是在一些经济欠发达的偏远地区，农民生活条件差，家庭缺乏经济来源，维持基本的生活已经不容易了，通常这部分人群会更倾向于选择不缴纳基本养老保险费用，更没有能力参加第二、第三支柱养老金。另外，缴费年限成为获取养老金领取资格的门槛和计发待遇的依据，这自然排斥了低收入和无收入人群，乃至因失业无力缴费的人群，而他们却是最

---

① 《2016 年基本养老保险参保 88777 万人社会保险基金总收入约 53563 亿》，2017 年 5 月，中研网（http://www.chinairn.com/news/20170526/103055388.shtml）。

需要基础养老金的人群。①

（三）不公平

公平性问题是养老保障的基本价值与理念，也是社会保障的永恒课题。其至少包括两层含义，第一，普遍性和全覆盖。不能只是一部分人有养老保障，另一部分人没有养老保障②。第二，统一性。不能只是在某地可以获得养老金，在国内流动到另一地就得不到养老金，或者是不能不同的地区人群待遇不统一。尽管我国基本养老保险制度已全面建立，但是我国养老保险中仍然存在有与无、多与少、好与差以及制度碎片化等诸多问题，这些问题严重影响到养老保险制度的公平性。③

养老保险制度的碎片化和差异化带来至少以下两个方面的不良后果：其一，正如前文所分析的那样，我国养老保险制度采取按人群设计、体系分割方式，出现了人群分割、地区分割、城乡分割的状况，制度之间缺乏必要的兼容性。随着人员流动规模不断扩大，由于相关制度衔接不够、信息系统建设滞后等原因，参保人员跨制度和跨地区流动仍有不少障碍。这种体系分立的社保制度不但无助于制度效率的提升，同时也抑制了制度对公平的追求。④ 其二，增加了制度运行成本，郑秉文（2009）认为碎片化的养老金制度增加了基层社保经办机构的工作难度，如制度设计、宣传成本、软件设计复杂性、经办人员数量等。

---

① 杨燕绥、杨娟:《中央统筹的国民养老金制度构建》,《人民论坛》2009 年第 8 期。

② 《北京日报》理论部编:《大家小文:社科美文精选》,北京日报出版社 2016 年版，第 278 页。

③ 席恒:《中国统一养老保险的制度架构与实现路径研究》,载浙江大学、中国人民大学、韩国比较社会政策研究会、日本日中韩社会保障交流委员会《第九届社会保障国际论坛摘要集》,浙江大学公共管理学院 2013 年版，第 20 - 22 页。

④ 汪华:《制度效率与社会公平:体系分立的社会保险运作效应研究》,华东理工大学出版社 2015 年版，第 240 页。

学术界普遍意识到这种制度分割对于制度的良性运行所形成的负面效应。OECD的一项研究显示，分立的养老金制度体系，不但会导致管理成本增大，同时也会强化养老金制度的扭曲效应，致使劳动力在公共部门和私人部门之间流动性不足，并进而导致劳动力市场缺乏弹性。[1] 无疑，社保体制"碎片化"的一系列负面影响已成为各方面的普遍共识，也已引起学术界的广泛关注。[2]

1. 不同群体之间基本养老保险的制度差异大

中国养老保险制度的"碎片化"格局使得城乡之间、企业与机关事业单位之间分别使用不同的基本养老保险制度，地区之间的差异也较大，这既造成了保障水平的不公平，实质上也制约了劳动力市场的合理流动。

当前基本养老保险制度分为机关事业单位养老保险制度、城镇职工养老保险制度以及城乡居民养老保险制度三大制度体系，三种制度在构建理念和制度模式上完全不同。前两者强调风险共担和社会公平，充分体现社会保险原则，后者突出个人的养老责任，以个人保障和家庭保障为主。人群分割是我国基本养老保险制度的突出属性之一，公职人员、企业职工和城乡居民等群体均有分属的基本养老保险制度。同时，有些地区还针对一些特殊群体建立了基本养老保险制度，比如被征地农民、计划生育夫妇等。养老保险制度的"碎片化"使得不同人群之间基本养老保险制度不同，彼此割裂，难以融合。以厦门为例，如表5-6所示，持有厦门市居住证的无雇工的个体工商户、未在用人单位参加基本养老保险的非全日制从业人员以及其他灵活就业人员，本人自愿，自2018年7月1日起

① OECD, *Pensions at A Glanee* 2009: *Retirement-income Systems in OECD Countries*, Paris: OECD Publishing, Oct 2009.

② 汪华:《制度效率与社会公平: 体系分立的社会保险运作效应研究》，华东理工大学出版社2015年版，第38页。

可在本市参加或接续企业职工基本养老保险;缴费标准由参保人员
按不低于全市上年度职工月平均工资的60%且不高于全市上年度职
工月平均工资300%的标准自行选择,20%的费率全部由灵活就业
人员自己承担。机关事业单位需要缴纳基本养老保险费和职业年
金,城乡居民缴费是分13个档次每年缴费一次。

表5-6　　　　　2018 年度厦门市养老保险费缴费标准

（2018 年 7—12 月）

	城镇职工		本市户籍灵活就业人员和下岗失业人员	机关事业单位职工	城乡居民
	本市户籍职工	外来人员			
缴费基数	1700—18864 元	1700 元	3772.8—18864 元	基本养老保险以 2016 年度月平均工资为基数,其中机关事业养老保险按 20% 的缴费比例计缴,单位缴 12%、个人缴 8%;职业年金按 12% 的缴费比例计缴,其中单位缴 8%、个人缴 4%	每年按规定缴纳一次。缴费标准分为 13 个档次,依次为 100 元、200 元、300 元、400 元、500 元、700 元、1000 元、1500 元、2000 元、2500 元、3000 元、3500 元和 4000 元
缴费比率 合计	20%	20%	20%		
缴费比率 单位	12%	12%	全部由本人按月缴纳		
缴费比率 个人	8%	8%			

资料来源:2018 年度社会保险费缴费标准,2018 年 9 月 21 日,厦门市人力资源和社会保障局网（http://hrss. xm. gov. cn/xsdw/sbzx/tzgg/201809/t20180921_ 2118237. htm）。

在快速城镇化、就业多样化的社会大转型时代,农村劳动力转
移规模每年数以千万计,截至 2017 年年底流动人口达 2.44 亿,碎
片化的养老保障制度是我国当前养老保障制度最大的不公平。

目前养老保险尽管在制度上实现了全覆盖，但由于制度设计、缴费水平、筹资机制等因素的制约，目前，我国不同人群所能享受到的社会保障权益待遇还存在显著差距，并有继续拉大的趋势。据有关学者推算占人口总数70%的农村人口却只享受10%的社保基金，而只占人口总数30%的城市人口却享受了90%的社保基金，从人均社会保障费用来看，城市居民是农民的20倍以上。

2016年中国人民大学基于全国28省、134个县区、462个村居所做的调查显示，从养老金的中位数看，从高到低依次是机关事业单位离退休老年人的养老金（3000元）、城镇职工基本养老金（2300元）、城镇居民非缴费型养老金（1070.9元），而农村社会养老保险金仅为60元。尽管报告显示，我国超八成城乡老年人领取了养老金，但不同地区养老金标准差异较大。其中，城市老年人有91.25%领取养老金，且71.93%老年人的最主要生活来源是养老金，机关事业单位离退休老年人月平均养老金为3175元。"养老金基本可以保障他们的生活"，但是，在广大农村地区，农村老年人有70.79%领取养老金，但仅有17.22%能够依靠养老金生活，月均养老金为141元。[①]

2017年5月25日，人社部网站发布《我国社会保险事业改革发展成就举世瞩目》称全国企业退休人员月人均基本养老金2016年为2362元，而城乡居民月人均养老金在2016年年底为117元，其中月人均基础养老金105元，前者是后者的20倍，城乡居民养老保险水平不仅与城镇职工基本养老保险给付水平差距悬殊，也远远低于城乡居民最低生活保障水平，在一定程度上影响社会公平，制约未来可持续发展。仅仅从城乡居民养老保险标准来看，据有关资料显示，2017年，全国城乡居民养老保险基础养老金具体到每月

---

① 《我国每6个人有1个老人　专家建议提高城乡居民养老金》，2016年3月6日，新华网（http://www.xinhuanet.com//city/2016-03/06/c_128776691.htm）。

的领取额分别为:北京市 510 元、杭州市 150 元、江苏省 125 元、济南市 110 元、福建省 100 元、河北省 90 元,城乡居民养老保险基础养老金北京市是河北省的 5 倍多[①]。

2. 地区之间缴费比例不同,导致企业负担不同

按照我国公共政策制度设计规则,中央往往仅负责养老保险宏观政策的制定和指导,具体细则由各地政府依据自身特点、经济状况以及地区居民的收入水平自行设定,出现缴费基数、缴费模式、费率水平等不同,导致养老保险制度的碎片化,不仅省与省之间制度不一,甚至省内各地市也差异很大,不易进行统一管理。以广东省为例,珠三角地区外来人口多,参保覆盖率高,基金结余较大,单位缴费普遍在 9%—12% 的低缴费区,深圳市、珠海市、佛山市为 10%,东莞市只有 9%,缴费工资较低,普遍低于全省在岗职工平均工资的 60%,企业负担较轻。而欠发达地区则相反,覆盖率低,参保缴费人数少,基金结余较少,有的地市出现当期赤字,单位缴费比例普遍高于 15%,企业负担较重。

从表 5-7 可以看出,从 2015 年的城镇职工缴费比例来看,个人均为 8%,全国绝大多数城市单位缴费为 20%,只有上海市是 21%,深圳市、珠海市、厦门市等城市较低,为 13%。

表 5-7　2015 年全国部分城市职工基本养老保险缴费率比较

城市	单位(%)	个人(%)	城市	单位(%)	个人(%)
北京	20	8	广州	14	8
天津	20	8	南宁	20	8
石家庄	20	8	海口	20	8
太原	20	8	重庆	20	8

---

① 王先磊:《我国养老保险制度存在的主要问题》,《中国科技博览》2017 年第 1 期。

城市	单位（%）	个人（%）	城市	单位（%）	个人（%）
呼和浩特	20	8	成都	20	8
沈阳	20	8	贵阳	20	8
长春	20	8	昆明	20	8
哈尔滨	20	8	拉萨	20	8
上海	21	8	西安	20	8
南京	20	8	兰州	20	8
杭州	14	8	西宁	20	8
合肥	20	8	银川	20	8
福州	20	8	乌鲁木齐	20	8
南昌	20	8	深圳	13	8
济南	20	8	珠海	13	8
郑州	20	8	宁波	14	8
武汉	20	8	厦门	13	8
长沙	20	8	大连	19	8

资料来源：宋晓梧：《"十三五"时期我国社会保障制度重大问题研究》，中国劳动社会保障出版社 2016 年版，第 56 页。

3. 不同地区基金结余差异大

我国基本养老保险制度是在经济体制转型过程中逐步建立起来的，并通过不断的修补和完善形成了当前的养老保险制度。由于制度建立开始时缺乏顶层设计和长期战略思考，导致制度呈现出多重分割和碎片化，区域间不公平问题非常严峻，我国基本养老保险统筹层次较低，名义上实现了省级统筹，很多地区实际上依然是市级统筹，而不同地区由于经济发展水平、人口结构等差异，导致一些地区出现大量养老金结余，而另一些地区养老金缺口巨大，总体来看虽然基金结余规模可观，具备较强的支撑能力，但是由于地区间经济发展不平衡，存在基金分布不均衡的结构性矛盾。目前情况是东部结余多、中西部结余少，特别是在东北等老工业地区，缴费人员少、退休人员多、养老负担重的情况比较突出，基金出现了当期收不抵支。

表 5-8　　2016 年全国各省区养老保险基金收支及结余情况

地区	养老保险基金收入（亿元）	养老保险基金支出（亿元）	养老保险基金累计结余（亿元）	基金率 = 结余率/支出
全国	37990.8	30004.3	43965.2	146.53
华北累计结余			6647.9	129.87
北京	2290.7	1509.6	3705.2	245.44
天津	823.9	780.8	599.7	76.81
河北	1362.9	1373	956.6	69.67
山西	854.9	790.1	1451.9	183.76
内蒙古	658.1	665.5	534.2	80.27
东北累计结余			1222	30.21
辽宁	1735.1	1983.8	979.4	49.37
吉林	665.7	702.7	386.2	54.96
黑龙江	1030.1	1358.9	-143.6	-10.57
华东累计结余			15312.5	136.19
上海	2637.2	2212.4	1949.8	88.13
江苏	2612.6	2310.4	3907.1	169.11
浙江	2508.3	2300.8	3444.4	149.70
安徽	956.5	766.3	1453.2	189.64
福建	768.7	643.9	825	128.13
江西	769.7	714.4	664	92.95
山东	2566.9	2295.1	3069	133.72
华南累计结余			12448.3	188.80
河南	1345.3	1236.8	1401.2	113.29
湖北	1309.4	1301.3	1024.3	78.71
湖南	1221.6	1116.2	1228.8	110.09

地区	养老保险基金 收入（亿元）	养老保险基金 支出（亿元）	养老保险基金累计 结余（亿元）	基金率＝结余率/ 支出
广东	3003.5	1835.8	8037.8	437.84
广西	937.9	912.4	570.9	62.57
海南	227	190.8	185.3	97.12
西南累计结余			5230.5	115.06
重庆	876.9	790.5	935.9	118.39
四川	2930.3	2821.5	2578.1	91.37
贵州	389.9	326.9	619.2	189.42
云南	747.9	550.3	1005.3	182.68
西藏	87.2	56.5	92	162.83
西北累计结余			2487	101.57
陕西	778.8	743.4	645.6	86.84
甘肃	396.6	368.3	490.2	133.10
青海	188.2	196.3	89.8	45.75
宁夏	217.1	189.1	219.5	116.08
新疆	1079.7	951.5	1041.9	109.50

注：根据 2017 年《中国统计年鉴》整理。

从表 5 - 8 来看，六大区 31 个省的养老保险基金结余存在巨大差异。2016 年，全国平均可支付月数 17.2 个月，比上年下降 0.5 个月。黑龙江省、青海省、吉林省、辽宁省、河北省、天津市、山西省、湖北省、内蒙古自治区、海南省 10 个省市和新疆生产建设兵团的可支付月数在 10 个月以下。养老金当期收不抵支的省份增至 7 个，分别为黑龙江省、辽宁省、河北省、吉林省、内蒙古自治区、山东省、青海省，其中黑龙江省不仅当期收不抵支，且累计结余已穿底，为 - 228.8 亿元。

基金率(历年结存余额除以当年支出总额①)是衡量财务可持续性的一个重要指标。表5－8显示,全国平均基金率是146.53%,但各地区和各省之间的差异性非常大:

华北地区的基金率为129.87%,低于全国平均水平,其中山西省和北京市的基金率高于全国平均水平,分别为183.76%和245.44%,其他均低于全国平均水平。

东北地区为30.21%,是全国养老基金结余最少的地区,虽然做实账户试点已达10年之久,但其基金率却低于全国平均水平,每年须有财政补贴方可维系当期统筹部分的支付,其中,黑龙江省的养老金基金率－10.57%,是全国基金率最低的省,而东北基金率最高的吉林省只有54.96%。

华东7省市经济发展水平位于前列,但养老保险基金财务状况却令人担忧,基金率(136.19%)总体上低于全国平均水平,尤其是上海市,其基金率最低仅为88.13%,而安徽省则高达189.64%,为该地区最高。

华南6省市区基金率为188.8%,该地区的基金率在全国名列前茅,但失衡状况是最严重的,广东省为全国最高,达437.84%,而广西壮族自治区和湖北省分别仅为62.57%和78.71%,大大低于全国平均水平,广东省一省的基金积累就占全国的18.28%。

西南地区的5省市区基金率为115.06%,低于全国平均水平,其中,四川省和重庆市的基金率分别为91.37%和118.39%,最高的是贵州省,基金率为189.43%。

西北5省区经济发展水平落后,基金率为101.57%,平均水平低于全国平均水平,其中基金率最低的是青海省(45.75%),最高的甘肃省(133.10%)也低于全国平均水平。

---

① 郑秉文:《中国基本养老保险制度可持续性面临五大风险》,载社保财务丛书编委会编《社保财务理论与实践》第3辑,中国财政经济出版社2011年版,第16—31页。

从省份分布状况看，基金率最高的广东省为437.84%，而最低的黑龙江省养老金基金率为 - 10.57%。

从4个直辖市来看，最高的是北京市，基金率为245.44%，其他三个直辖市基金率都低于全国平均水平，最差的是天津市，仅为76.81%。

2015年，人社部发布《中国社会保险发展年度报告2014》，这是首次以定期年度报告的方式向社会发布社会保险发展状况。数据显示，2014年企业缴费人员占参保职工的比例为81.2%，比2013年下降2.8个百分点，2015年下降至80.3%，比2014年下降0.9个百分点，这意味着每5个参保职工中就有1个人没有缴费。自2009年起，企业缴费人数占参保人数的比例连续7年下滑，从2009年的87.7%降至2016年的79.7%。

2015年，8个省市和新疆生产建设兵团基金可支付月数在10个月以下，其中，黑龙江省的企业养老金可支付月数仅1个月。2016年，可支付月数不足10个月的省份增至10个，分别是：黑龙江省（0个月）、青海省（5.8个月）、吉林省（5.9个月）、辽宁省（6.3个月）、河北省（6.5个月）、天津市（8.2个月）、陕西省（8.4个月）、湖北省（8.6个月）、内蒙古自治区（8.7个月）、海南省（9.5个月），再加上新疆生产建设兵团（3.4个月）。

养老金可支付月数最多的三个省份分别为：广东省（55.7个月）、北京市（39.8个月）、西藏自治区（32.8个月）。

（四）不持续

1. 人口急剧老龄化，养老保险基金缺口巨大

20世纪五六十年代曾经是中国人口出生的高峰期，如同第二次世界大战后西方世界的"婴儿潮"时代一样，这部分人口目前开始步入老龄化阶段；20世纪七八十年代开始我国又相继实行独生子女政策，青壮年人口的增长速度开始放慢；随着中国经济的快速

增长,人民生活水平不断提高,中国的人均期望寿命开始向发达国家水平不断靠近。以上种种因素,使得中国社会的老龄化提前到来,中国的养老保险制度与西方发达国家一样面临财务危机,而且这一危机发展的速度可能比发达国家更快。

老龄化速度快、规模大,同时还伴随着少子化、高龄化、空巢化、家庭结构小型化和家庭保障功能快速弱化的现象。全国老龄办统计公布,我国 1999 年 60 周岁以上的人口占到总人口的 10%,已进入老龄社会,到 2017 年年底,这个占比已经提高到 17.3%,我国人口老龄化的速度之快、规模之大,世界前所未有①。

人口老龄化是影响中国现收现付养老保险制度财务可持续的一个重要风险,人口老龄化压力下,养老保险基金的收支矛盾或将更加突出。自 2012 年以来,虽然企业养老保险基金累计结余在不断扩大,但可支付月数在不断递减,收入增速明显低于支出增速。

2012 年,企业养老保险基金累计结余 2.3 万亿元,到 2017 年增至 4.12 万亿元,但可支付月数由 2012 年的 19.7 个月下降至 17.3 个月。一增一降的两条曲线,反映出养老保险基金的收支矛盾,各省份的养老金情况报告也印证了收支矛盾愈发突出的窘境。报告数据显示,养老保险基金"入不敷出"的省份近年来快速增加。②

2014 年,河北省、黑龙江省、宁夏回族自治区 3 省区当期收不抵支。

2015 年扩大至 6 省,为黑龙江省、辽宁省、吉林省、河北省、陕西省和青海省。

---

① 《人大内司委谈老龄化:2017 年底 60 周岁以上人口达 2.4 亿》,2018 年 3 月 12 日,海外网(https://baijiahao.baidu.com/s? id = 1594722783846047486 & wfr = spider & for = pc)。

② 《中国人口老龄化加剧养老保险基金还能撑多久》,2018 年 3 月 2 日,人民网(http://bbs1.people.com.cn/post/2/1/2/166524222.html)。

2016 年增至 7 个，分别为黑龙江省、辽宁省、河北省、吉林省、内蒙古自治区、湖北省、青海省。其中黑龙江省不仅当期收不抵支，且累计结余已穿底，欠账 232 亿元。

2017 年，我国有十余个省份当年养老金支出大于收入。中国社科院世界社保研究中心秘书长房连泉表示，养老保险基金的收支压力较大，如果扣除政府的财政补贴，全国已有 20 多个省（区、市）出现了当期资金缺口。

我国的养老金赤字有现实缺口和全口径缺口两个口径。现实缺口，是每年收取的养老保险费不抵支出。全口径缺口，是指预计到若干年后制度转轨完成期间每年养老金收支缺口的总计数值，是笔几十年的总账。据人力资源和社会保障部的统计，若剔除 3548 亿元的财政补贴，2014 年企业基本养老保险基金当期收支缺口高达 1231 亿元。事实上，2001 年以来，在基本养老金覆盖的城镇国有企业和集体企业职工中，参保人数平均增速为 4.04%，已低于离退休职工人数的平均增速 6.64%，而养老金的筹集主要依赖参加养老保险的职工人数，这意味着养老金收小于支会持续下去，随之而来的就是养老金缺口。

而关于全口径的养老金缺口，由于涉及时期较远，而且与长期经济运行状况和人口发展情况密切相关，没有一个较为统一的认识。不同的机构和学者给予了不同的测算，德意志银行的马骏等人认为我国现实养老金缺口到 2020 年将达到 GDP 的 0.2%，到 2050 年达 5.5%，今后 38 年累积的养老金总缺口的现值（用名义 GDP 增长率作为折现率来计算）相当于目前 GDP 的 75%。曹远征等认为到 2033 年时养老金缺口将达到 68.2 万亿元，占当年 GDP 的 38.7%（见表 5-9）。[1] 人口老龄化所引发的退休人员激增，正在

---

① 董克用、张栋：《中国养老金体系改革变迁：成就与挑战》，《清华金融评论》2017 年第 S1 期。

对养老保险制度的可持续发展形成严峻考验。

表5-9　　　　　　　　　　**我国基本养老金基金缺口规模**

	测算时点（年）	截止时点（年）	规模
马骏（德意志银行）	2012	2050	占2050年GDP的5.5%
曹远征（中国银行）	2012	2033	占2033年GDP的38.7%

资料来源：董克用、张栋：《中国养老金体系改革变迁：成就与挑战》，《清华金融评论》2017年第S1期。

2. 养老保险中断缴费现象严重，影响基金的可持续性

养老保险中断缴费现象严重影响到基金征缴收入以及养老保险制度的可持续性发展，是目前企业职工基本养老保险制度运行中存在的突出问题。根据2017年国家统计年鉴我国养老保险基金收支的总规模虽然仍在增加，但基金收入增长速度减缓趋势越来越明显。2011年至2016年的养老保险基金收入增长率分别为29.78%、21.25%、13%、11.67%、16.57%和18%（2015年、2016年收入增加的很大部分原因是机关事业单位养老保险制度的改革），这与缴费人群减少不无关系。

《中国养老金精算报告2018—2022》认为，对于非正规部门就业人员和流动人口来说，频繁的工作变化和跨区域流动是造成中断缴费的主要原因。在海南省、广东省、北京市等地，缴费人员占参保人员的比重只有60%—70%，这意味着大规模流动人口参保未缴费。[①] 养老保险的参保率远远低于政策规定的100%，笔者根据统计年鉴及统计公报统计发现，2000年至2016年，企业职工参保人数城镇职工基本养老保险的缴费人员占比已经从2011年的

---

① 吴斌：《养老金制度对财政补助依赖日益增强》，《南方都市报》2018年1月4日第A1版。

70.34%，下降到2016年66.54%（如图5-4所示）。

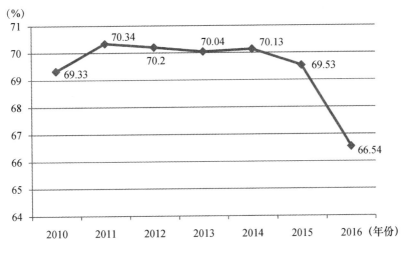

图5-4　企业职工缴费占城镇职工缴费比例

注：根据2009—2016年《人力资源和社会保障事业发展统计公报》、2017年《中国统计年鉴》整理。其中，参保职工人数指报告期末按照国家法律、法规和有关政策规定参加城镇职工基本养老保险并在社保经办机构已建立缴费记录档案的职工人数，包括中断缴费但未终止养老保险关系的职工人数，不包括只登记未建立缴费记录档案的人数。

从个人来看，很多人员缺乏缴费能力，或是不缴，或是欠缴，主要包括以下几类：一是下岗职工、无业人员；二是私人小型企业的职工；三是农民工；四是工作不稳定的务工人员。上述四大群体大都是社会弱势群体，他们或是由于个人收入较低而被动弃保，或是由于对养老保险缺乏信心，对缴纳保险的预期收益持悲观态度而主动弃保。

从企业来看，较高的缴费率会增加企业的成本。近年来，尤其是一些收益较差、经营不善的中小企业，逃避缴费的状况屡见不鲜。由于费率法定不可更改，企业为了减轻缴费负担，因此纷纷通过降低缴费基数进行规避。政策规定缴费基数可在当地社会平均工资的60%—300%确定，许多企业就以最低水平确定缴费基数。上述现象的出现,势必会对我国社会养老保险体系的可持续发展造成一定的影响。

3. 三层次(支柱)养老保险体系发展不平衡

我国早在 1991 年就正式提出建立三层次养老金,在我国现行的多层次养老保险体系中,第一支柱是政府主导的基本养老保险制度;第二支柱是补充养老保险制度,以企业年金、职业年金为主;第三支柱是商业养老保险,以个人储蓄型养老保险为主。但多年来,三大支柱的养老结构一直处于失衡状态,第一支柱"一支独大",第二支柱是"一块短板",企业年金发展严重滞后,参加企业年金的职工比例只占城镇职工的 7%,而作为第三支柱的个人养老金制度建设还是"一棵幼苗"(金维刚,2017)。

另从董克用教授整理的表 5 - 10 中可以看出:美国的第一支柱公共养老金有 2.9 万亿美元,第二支柱职业养老金 16.8 万亿美元,第三支柱的养老金规模为 9.2 亿美元,三者相加共计 28.9 万亿美元,三大支柱占养老金资产的比重分别为 10%、58.2% 和 31.8%;加拿大两大支柱占养老金资产的比重分别为 9.4%、90.6%;我国第一支柱的基本养老金有 5.02 万亿美元,第二支柱企业年金有 1.29 万亿美元,第三支柱的个人税收递延型商业养老保险至今为零,三者相加共计 6.31 万亿美元,三大支柱占养老金资产的比重分别为 79.4%、20.6% 和 0%。从实际情况来看,过度依靠第一支柱基本养老保险,导致了第一支柱"一柱擎天"、第二支柱"一块短板"、第三支柱"一片空白"的局面。

表 5 - 10   中、美、加三国三支柱养老金体系规模与结构比较(2017)

	名称	第一支柱 公共养老金	第二支柱 职业养老金	第三支柱 个人养老金	合计
美国	规模(万亿美元)	2.9	16.8	9.2	28.9
	养老金资产比重(%)	10	58.2	31.8	100

续表

	名称	第一支柱（2015）	第二支柱（2016）	第三支柱（2016）	合计
加拿大	规模（万亿美元）	0.25	2.40		2.65
	养老金资产比重（%）	9.4	90.6		100
	名称	基本养老金	企业年金	个人税延养老金	合计
中国	规模（万亿美元）	5.02	1.29	—	6.31
	养老金资产比重（%）	79.4	20.6	—	100

注：根据董克用在中国养老金融50人论坛上海峰会（2018年7月16日）上的发言整理。

　　从企业来看，第一支柱的缴费率已经很高，企业缴费负担已经很重，企业难有余力再投保企业年金，再加上国家对于企业年金没有做出强制性要求，也没有税收优惠激励，导致第二支柱发展缓慢。截至2017年第二季度末，全国仅有约7.8万家企业建立了企业年金计划，参加职工数为2327万人，在全国总人口中的比例仅约1.7%[①]。第三支柱个人税收递延型商业养老保险2018年才试点，对于参保职工的养老保障作用相当有限，因为绝大多数退休人员除了基本养老金，是没有年金等补充养老保险的，只能依赖于第一支柱，这样就对第一支柱形成很大的压力。根据近几年的数据来看，基本养老保险替代率已经持续下降，从1997年的70.79%下降到了2016年的45%，第一支柱基本养老保险从"一枝独秀"到"独木难支"。

　　很多学者将我国基本养老保险制度的不公平、不持续归因为我国基本养老保险统筹层次较低，名义上实现了省级统筹，很多地区实际上依然是市级统筹，而不同地区由于经济发展水平、人口结构

---

　　① 邓雄鹰：《破解养老保障难题"三支柱"失衡需多方共建》，2017年11月28日，中国证券网（http://news.cnstock.com/news，yw-201711-4157157.htm）。

等差异的存在,导致一些地区出现大量养老金结余,而另一些地区养老金缺口巨大,使不同地区之间养老保险资金状况不同、待遇水平不同,也使养老保险关系在跨省之间转移接续上受到种种制约,养老保险基金分割在全国几千个县市级统筹单位,治理结构难以建立起来,投资策略的升级和优化难以实现①。

统筹层次低,不能实行全省或者全国的统筹,使得养老保险既损害效率,也扭曲公平。从效率损失来说,数万亿元养老保险基金由 2000 多个社保单位独自管理,无法进行高效率的投资运营,无法实现养老保险基金的保值增值。此外,分散管理还存在管理成本高、被挪用挤占贪污的风险大等问题。统筹层次低是我国养老保险制度的一个重要缺陷,各地区之间无法横向调剂,各自为政,加剧了中国社保碎片化程度,碎片化制度导致社保制度不公平,社保制度不公平致使社保成为近年来社会最关注的热点问题(郑秉文,2013)。

第三节　我国养老保险制度在全球中的排名

2015 全球养老指数(Global AgeWatch Index 2015)根据 96 个国家中老人的社会和经济福利进行排名,中国综合排名第 52 位,中国是拥有世界上老年人口最多的国家,2014 年中国的老年人口占世界老年人口的 14.4%,从收入保障来看,中国排名第 75 位,中国的老年贫困率②,为 23.9%,远远高于 12.9% 的世界平均贫困率

---

① 柯杰瑞、李豫、王艳平、李钰峰等著:《中国养老保险制度改革借鉴:美国企业年金制度和金融机构的实践》,企业管理出版社 2012 年版,第 344 页。

② 这里的贫困线为 60 周岁以上的老年人口的收入低于中等收入的 50%。

水平。

2015 年墨尔本美世推出全球养老金指数，对全球前 25 大经济体的养老金体系进行了排名，综合指数的权重分别为：养老金充足性 40%、可持续性 35%、整体性 25%，中国排名第 22 位。

安联于 2016 年公布了"养老金可持续指数"，对全球前 54 大经济体进行了排名。该指数包含了人口结构、养老金制度、养老金与公共财政占比三个子项目，中国排名第 53 位，泰国第 54 位。[①] 在安联 2015 年 49 个国家退休收入充足性排名中，荷兰、丹麦、挪威充足性排名前三[②]，其中第一支柱排名前三名的国家分别是奥地利、匈牙利、西班牙，中国养老金充足性总体排名第 44 位，第一支柱排名第 39 位[③]，由此可见，中国养老金既不充足也不持续[④]。

从国际养老金制度的排名来看，无论是从养老保险制度的公平性还是充足性，抑或是可持续性来看，近几年我国的养老保险制度排名都不理想，养老保险制度到了急需改革的阶段了。

---

① Allianz, *International Pension Papers* 1/2016: *2016 Pension Sustainability Index*, Germany: Alianz SE, 2016, pp. 29 – 30.

② Allianz, *International Pension Papers* 1/2015: *Retirement Income Adequacy Indicator*, Germany: Alianz SE, May 2015, pp. 8 – 9.

③ Ibid., pp. 10 – 15.

④ Ibid., pp. 18 – 19.

第六章 我国非缴费型养老金制度的历史与发展现状

第一节 改革开放前的国家保障型养老保障制度

新中国成立以后，我国的社会保障制度借鉴了苏联的"国家保险"模式，以 1951 年实施的《劳动保险条例》为标志建立的国家保障型劳动者养老保险制度，将中国历史上由家庭承担的养老风险开始转由政府承担。《劳动保险条例》规定，雇用工人与职员人数在一百人以上的国营、公私合营、私营及合作社经营的工厂、矿场及其附属单位与业务管理机关以及铁路、航运、邮电的各企业单位及附属单位，全部由实行劳动保险的各企业行政方面或资方负担，其中一部分由各企业行政方面或资方直接支付，另一部分由各企业行政方面或资方缴纳劳动保险金，交工会组织办理。第八条规定凡根据本条例实行劳动保险的各企业行政方面或资方，须按月缴纳相当于该企业全部工人与职员工资总额的百分之三作为劳动保险金。此项劳动保险金不得在工人与职员工资内扣除，并不得向工人与职员另行征收。

工人退休后，根据本人年龄、工龄以及在本企业的工龄，从本企业领取退休金，养老待遇如下：

男工人与男职员年满 60 周岁，一般工龄已满 25 年，本企业工龄已满 10 年者，由劳动保险基金项下按其本企业工龄的长短付给养老补助费，其数额为本人工资的 35%—60%，至死亡时止。

女工人与女职员年满 50 周岁，一般工龄满 20 年，本企业工龄已满 10 年者，得享受数额为本人工资 35%—60% 的养老补助费待遇。特殊工种的男工人与男职员年满 55 周岁、女工人与女职员年满 45 周岁，均可享受规定的养老补助费待遇。

1978 年《国务院关于安置老弱病残干部的暂行办法》和《国务院关于工人退休、退职的暂行办法》中关于退休待遇内容为：抗日战争期间参加工作的，为本人标准工资的 90%；解放战争时期参加革命工作的，按本人标准工资的 80% 发给。中华人民共和国成立后参加革命工作，连续工龄满 20 年的，按本人标准工资的 75% 发给；连续工龄满 15 年不满 20 年的，按本人标准工资的 70% 发给；连续工龄满 10 年不满 15 年的，按本人标准工资的 60% 发给。退休费低于 25 元的，按 25 元发给。

1978 年之前我国劳动者养老保险制度基本属于国家保障型的养老保险制度，尽管国家保障型劳动者养老保险制度尚未覆盖农村劳动者，但是，这一制度在中国历史上第一次把劳动者作为社会保障对象确是不争的事实；为劳动者因年老而丧失劳动能力后提供生活生存资料，确保他们老有所养，这个养老金制度实际上职工个人没有缴费，具有"非缴费型养老金制度"的一些特征。其建设历程如表 6 –1 所示。

改革开放之前，除了占主体地位的缴费型养老金制度具有"非缴费型养老金制度"的部分特征之外，属于社会救助范畴的农村"五保"制度也带有若干非缴费型制度的特点，这两大制度可以说是我国非缴费型养老金制度的雏形。

表 6-1   国家保障型劳动者养老保险制度的建设历程

时间	政策名称	内容与意义
1949 年前	《劳动暂行法》（1935 年）、《陕甘宁边区劳动保护条例》（1940 年）、《晋冀鲁豫边区劳工保护暂行条例》（1941 年）等	探索建立包括养老在内的劳动者保护制度
1949 年	《中国人民政治协商会议共同纲领》	在中国历史上第一次提出强调劳动者福利的"逐步实行劳动保险制度"的目标
1951 年	《劳动保险条例》	建立职工人数百人以上的企业单位的劳动保险制度
1955 年	《关于国家机关工作人员退休、退职、病假期间待遇等暂行办法和计算工作年限暂行规定的命令》	将国家机关和事业单位干部、职工的供给制退休供养方式转变为财政供养的退休金制度
1958 年	《关于工人、职员退休处理的暂行规定》《关于工人、职员退职处理的暂行规定（草案）》	统一了企业、事业、国家机关、人民团体的干部、工人、职员的退职退休条件和待遇
1978 年	《国务院关于安置老弱病残干部的暂行办法》《国务院关于工人退休、退职的暂行办法》	规定了体现贡献的干部和工人退休待遇

资料来源：张思锋、李敏：《中国特色社会养老保险制度：初心 改革 再出发》，《西安交通大学学报》（社会科学版）2018 年第 6 期，第 2 页。

第二节   我国当前的非缴费型养老金制度实施现状及不足

改革开放以来，我国逐渐形成了两大主要的非缴费型养老金制度——老年补贴（主要包括高龄老人津贴、护理补贴、养老服务补贴）以及城乡居民养老保险中的基础养老金，这里没有包括低保在内的社会救助，因为社会救助主要针对的对象是家庭，而非专门的老年群体。

一 老年补贴

我国当前的老年补贴从政策目标看，大体上可以分成三类：一是以保障高龄老人基本生活为目的；二是以帮助高龄老人购买养老服务为目的；三是以长期护理险补贴为目的。从国家民政部数据显示，我国已经陆续在省级层面出台了经济困难的高龄、失能等老年人补贴政策。截至2017年，全国已有26个省份出台了高龄津贴补贴政策，20个省份出台了养老服务补贴政策，17个省份出台了护理补贴政策。

我国高龄补贴政策在20世纪80年代开始实行，部分地区针对百岁老人发放高龄老年补贴，后逐步扩展至80周岁以上老人。为了解决高龄老人的基本生活问题，2008年民政部在全国民政工作会议上提出"有条件的地区可建立困难老人、高龄老人津贴制度"，并于2009年发布《关于转发宁夏建立高龄老人津贴制度有关政策的通知》，要求各地在借鉴宁夏经验的基础上结合当地实际情况建立高龄津贴制度。民政部《民政部关于建立高龄津（补）贴制度先行地区的通报》（下称《通报》）提出：有条件的地区可建立困难老人、高龄老人津贴制度，这也预示着我国的老年补贴作为一种特殊的福利津贴，兼有制度的补缺性和社会的救济性，目的是为了让老年人共享经济与社会发展的成果。

各地出现了不同形式的高龄津贴和护理补贴制度或者政策，分别如表6-2和表6-4所示。

（一）高龄津贴

在高龄津贴方面，北京市、天津市、河北省、山西省、内蒙古自治区、辽宁省、吉林省、黑龙江省、上海市、江苏省、浙江省、安徽省、福建省、山东省、河南省、湖南省、广东省、海南省、贵州省、云南省、西藏自治区、陕西省、甘肃省、青海省、宁夏回族自治区、新疆维吾尔自治区等26个省（区、市）出台了相关补贴政策（表6-2）。

表6-2　　　全国省级层面高龄津贴制度建立情况

省级层面	补贴范围和标准	发放周期（月/年）	执行时间	资金来源	惠及老年人数（人）
北京市	90周岁至99周岁的老年人，每人每月享受100元高龄老年人津贴；100周岁及以上的老年人，每人每月享受200元高龄老年人津贴	各地依据实际情况执行	2008年1月1日	区财政	40749
天津市	1. 具有本市户籍、100周岁以上老人。补贴标准为1999年每人每月100元。2002年调整至每人每月200元。2015年调整至每人每月500元	月	1999年1月1日	各级财政	358
	2. 具有本市户籍20年以上，年满60周岁，未参加城乡居民基本养老保险和无社会养老保障待遇的老年人。2014年调整为年满60周岁不满70周岁的，每人每月95元；年满70周岁不满80周岁的，每人每月105元；80周岁以上的，每人每月115元	月	2009年1月1日	各级财政	462500
河北省	河北省各县（市、区）80周岁以上高龄老人，本着"低标准、全覆盖"的原则，根据财力承担能力，结合实际确定补助标准	各地依据实际情况执行	2012年底前	以各县（市、区）财政负担为主，设区市财政给予资金支持	1167000
	河北省各县（市、区）80周岁以上高龄老人发放高龄津贴。100周岁以上的老年人的高龄津贴每人每月不低于300元	各地依据实际情况执行	2014年12月1日		1167000

续表

省级 层面	补贴范围和标准	发放周期 （月/年）	执行时间	资金来源	惠及老 年人数 （人）
山西省	城乡低保家庭中80—99周岁的老年人，每人每月补贴30元。城乡低保家庭中60—99周岁的失能老年人，每人每月补贴60元。100周岁以上的老年人，每人每月补贴300元	月	2016年 1月	各级财政	580000
内蒙古 自治区	80周岁以上低收入老年人，领取离退休工资和社保退休工资的暂不领取；80—99周岁100元/人/月；100周岁以上300元/人/月	年	2011年	自治区本级财政拨款（自治区财政按照一、二、三类区30%、50%、70%的标准补助）	1400000
辽宁省	户籍在本省行政区域内，年龄在80—89周岁的城乡低收入老年人（城乡低保对象和低保边缘对象中的老年人），每人每月发放不少于50元的高龄津贴（不计算家庭收入之中）	月	2013年 1月1日	低保对象所需资金在低保金中列支，省在分配低保资金时对各地给予补助	252049

续表

省级层面	补贴范围和标准	发放周期（月/年）	执行时间	资金来源	惠及老年人数（人）
吉林省	80—90 周岁的城乡低保老年人，每人每月发放不少于 50 元的生活津贴；90—99 周岁的城乡老年人每人每月发放不少于 100 元的生活津贴；100 周岁以上的老年人每人每月发放不少于 300 元的生活津贴	各地依据实际情况执行	2010 年 9 月 1 日	省级低保金	空缺
黑龙江省	省户籍且年龄在 80—89 周岁的低保、低收入家庭老年人，以及 90 周岁以上所有老年人。发放标准为每人每月 100 元	各地依据实际情况执行	2010 年 1 月	各级财政	142900
上海市	百岁老人营养补贴 300 元/人/月	月	2008 年 1 月	区县财政	1631
江苏省	300 元/人/月	半年	2011 年 3 月 1 日	省级财政	5304（100 周岁以上老人）
浙江省	对年满 80 周岁的高龄老人，在享受城乡居民养老金待遇的同时，每月给予不低于 30 元的高龄补贴	月	2011 年 4 月 1 日	各级财政	1550000
安徽省	80 周岁以上老年人，按月发放高龄津贴。由市、县（市、区）民政部门会同财政部门根据当地老年人口及经济发展、财力状况等确定	月	2016 年 1 月	市县财政	1110000
福建省	满 80 周岁及以上的最低生活保障对象本人；每人每月 100 元	月	2015 年 1 月		47500

省级层面	补贴范围和标准	发放周期（月/年）	执行时间	资金来源	惠及老年人数（人）
山东省	具有山东省户籍、年龄在 100 周岁及以上老年人、80—99 周岁享受城乡最低生活保障待遇的贫困老年人。高龄津贴实行按年龄段分档发放，其中 80—89 周岁、90—99 周岁老年人分别为每人每月不低于 100 元、200 元。100 周岁及以上老年人实行普惠制，每人每月 300 元	年	2013 年 10 月	各级财政	758419
河南省	百岁老人每人每月不低于 100 元	月	2001 年 1 月	各级财政	7500
湖南省	向百岁老人每人每月发放不低于 200 元的长寿保健补助费，具体标准由各市州、县市区确定；鼓励和提倡各地根据实际情况，向高龄老人发放高龄生活补贴，补贴范围和标准由各地自行确定	年	2010 年	省级财政	2189
广东省	80 周岁以上（补贴范围和标准由各地制定，省财政不出资）	各地依据实际情况执行	2011 年	县（市、区）财政	2240021
海南省	年满 100 周岁及以上的本省户籍老年人；标准为 300 元/人/月	月	2006 年 7 月	省级财政	1936
贵州省	2005 年起，100 周岁以上老人每人每年 500 元；2008 年起，100 周岁以上老人每人每年 1200 元	年	2005 年 2008 年	省级财政	1199

省级层面	补贴范围和标准	发放周期（月/年）	执行时间	资金来源	惠及老年人数（人）
云南省	全省对 100 周岁以上老年人发放长寿补助，对 80 周岁以上不满 100 周岁的老年人发放保健补助，补助标准省级不做统一规定，由各地根据相关政策结合当地财力自行确定	各地依据实际情况执行	2009 年 1 月 1 日	各级财政	793595
西藏自治区	80 周岁以上老年人一年 300 元，90 周岁以上老年人一年 500 元，100 周岁以上老年人一年 800 元	年	2006 年	各级财政	27960
陕西省	年满 70 周岁以上的老年人；对 70—79 周岁高龄老人，每人每月发放 50 元生活保健补贴；对 80—89 周岁高龄老人，每人每月发放 100 元生活保健补贴；对 90—99 周岁高龄老人，每人每月发放 200 元生活保健补贴；100 周岁以上（含 100 周岁）高龄老人，每人每月发放 300 元生活保健补贴	月	2012 年 5 月 1 日	各级财政	2710000
甘肃省	将高龄老年人生活补贴纳入城乡居民基本养老保险待遇发放范围，合并发放。高龄老年人生活补贴发放标准为：100 周岁以上每人每月 100 元，90—99 周岁每人每月 60 元，80—89 周岁每人每月 25 元。90 周岁以上补贴资金由省级财政承担，80—89 周岁补贴资金由县市区财政承担	月	2014 年 6 月 30 日	各级财政	数据缺失

续表

省级层面	补贴范围和标准	发放周期（月/年）	执行时间	资金来源	惠及老年人数（人）
青海省	凡具有青海省户籍，年满 70 周岁及以上的老年人，标准：70—79 周岁，90 元/月；80—89 周岁，100 元/月；90—99 周岁，120 元/月；100 周岁及以上，160 元/月	季度	2010 年 9 月	省级财政承担 30%，市（州）、县（市、区）财政负担 70%	296000
宁夏回族自治区	1. 发放范围：凡具有宁夏回族自治区户口且年龄在 80 周岁以上（含 80 周岁）的农村老年人和城市家庭中 80 周岁以上无基本养老金收入的老年人。基本养老金收入包括离退休工资和基本养老金，不含子女赡养赠予和遗属生活费、优抚对象享受的优待抚恤金。2. 发放标准：80—89 周岁城市高龄津贴标准每人每月 400 元；80—89 周岁农村高龄津贴标准每人每月 220 元；90 周岁以上城乡高龄津贴标准每人每月 450 元	月	2009 年 5 月	由自治区、市、县（市、区）政府财政预算资金及其他资金解决	37860
新疆维吾尔自治区	全疆 80 周岁以上老年人。80—89 周岁每人每月 50 元，90—99 周岁每人每月 120 元，100 周岁及以上每人每月 200 元	季度	2011 年 7 月	各级财政	230000

　　资料来源：民政部办公厅关于在全国省级层面建立老年人补贴制度情况的通报（http://www.gov.cn/xinwen/2016-08/23/content_5101684.htm）。

　　在已出台高龄津贴的这 26 个省份中，大多数地方对 80 周岁以上的本地户籍老人发放高龄津贴。其中，天津市高龄津贴额度最

高,可达到 500 元。2017 年数省份对 100 周岁以上的老人都给予
100 元每月的高龄津贴,除天津市外,宁夏回族自治区规定,90 周
岁以上城乡高龄津贴标准每人每月 450 元;其次是河北省、山西
省、内蒙古自治区、吉林省、上海市、山东省、海南省、陕西省,
均规定给予 100 周岁以上老人每月 300 元的津贴或营养费。发放高
龄津贴门槛最低的省份为青海省和陕西省,两地均规定,70 周岁
以上的老人均可享受高龄津贴。青海省规定,凡具有青海省户籍,
年满 70 周岁及以上的老年人均可领取高龄津贴,具体标准为 70—
79 周岁,90 元/月;陕西省则规定对 70—79 周岁老人,每人每月
发放 50 元生活保健补贴。

从表 6 - 2 和表 6 - 3 中可以看出,大部分省(区、市)的高龄
津贴的年龄都是定位在 80 周岁及以上、拥有本地户籍的,但是资
金来源有的是各级财政,有的是省级财政,有的是县级财政,还有
的是省级低保金,各地标准不一。

表 6 - 3　　　　　　　　部分省级层面高龄津贴

	年龄（周岁）	标准（人/元/月）	时间（年）
北京市	90—99	100	2008
	>100	200	
天津市	60—70	95	2014
	70—80	105	
	>100	500	
河北省	>100	>300	2014
山西省	80—99	30	2016
	60—99（低保）	60	
	>100	300	
内蒙古自治区	80—99	100	2011
	>100	300	
辽宁省	80—90（低保）	>50	2013

续表

	年龄（周岁）	标准（人/元/月）	时间（年）
福建省	>100（低保）	100	2015
海南省	>100	300	2006
浙江省	>80	30	2011
甘肃省	80—89	25	2014
	90—99	60	
	>100	100	

资料来源：民政部办公厅关于在全国省级层面建立老年人补贴制度情况的通报，2016 年 8 月 23 日（http://www.gov.cn/xinwen/2016 - 08/23/content_ 5101684. htm）。

（二）护理补贴

自国务院出台《国务院关于全面建立困难残疾人生活补贴和重度残疾人护理补贴制度的意见》之后，各地陆续建立了护理补贴制度。

截至 2018 年 5 月底，全国已有 28 个省份、6 个副省级城市建立或正在建立老年人护理补贴制度，老年人福利制度建设取得重大进展。但在领取条件上，京、津、沪等地增加户籍要求，津、晋、辽等地增加经济状况（低保、特困等）要求，晋、辽、沪等地增加年龄要求，上海市增加参加医保要求。

2012 年以前只有北京市、天津市两地建立护理补贴制度；2013 年黑龙江省规定贫困失能老人可以享受护理补贴制度；2014 年吉林省、江苏省、安徽省、山东省 4 省份也开始在综合性文件或专项文件中表态要建立老年人护理补贴制度，2015 年山西省、辽宁省、河南省、四川省、重庆市、贵州省、新疆维吾尔自治区 7 个省、区、市建立护理补贴制度，2016 年上海市、广东省、广西壮族自治区、西藏自治区 4 个省、区、市建立护理补贴制度，2017 年湖北省、江西省、浙江省、宁夏回族自治区建立护理补贴制度，2018 年至今福建省、陕西省、甘肃省、云南省4个省份建立护理补贴制度。[①]

表6-4　　　　　全国省级层面护理补贴制度建立情况

省级层面	补贴范围和标准	发放周期（月/年）	执行时间	资金来源	惠及老年人数（人）
北京市	1.60—79周岁的重度残疾人每人每月100元； 2.80周岁及以上老年人每人每月发放100元	月	2010年1月	1.市级彩票公益金；2.残疾人就业保障金；3.区级财政资金	580000
天津市	具有本市户籍、享受城市最低生活保障待遇、特困救助和抚恤补助的优抚对象中60周岁以上需要生活照料的老年人；具有本市户籍、城市户口、年龄在80周岁以上的，独生子女家庭的父母、市级劳动模范、失能老人和空巢老人且家庭人均收入低于本市最低工资标准的老年人。按照轻度、中度、重度三个等级，每人每月补贴50元、50元、200元	月	2012年10月1日	市、区（县）财政各50%	28900
山西省	1.城乡低保家庭中80—99周岁的老年人，每人每月补贴30元； 2.城乡低保家庭中60—99周岁的失能老年人，每人每月补贴60元； 3.100周岁以上的老年人，每人每月补贴300元	各市结合实际确定	2016年1月	各级财政资金	180000

① 柴宇阳：《全国各地护理补贴制度正逐步建立，领取条件的有差异》，2018年7月9日，大风号网（http://wemedia.ifeng.com/68467095/wemedia.shtml）。

续表

省级层面	补贴范围和标准	发放周期（月/年）	执行时间	资金来源	惠及老年人数（人）
辽宁省	补贴对象范围为具有辽宁省户籍的城乡低保户、低保边缘户家庭中80周岁以上（含80周岁）高龄老人和60周岁以上（含60周岁），因进食、穿衣、个人卫生、如厕、移动等不能自理而需他人帮助，或因丧失认知能力日常生活必须有人照顾，经过县级以上医疗卫生机构鉴定或第三方评估机构评估确定为失能、半失能老人。补贴标准为：对经济困难的高龄、失能老年人补贴标准，由各市根据当地经济发展水平、物价变动情况和材料状况自主确定，原则上每人每月不低于50元。有条件的地方，可指定统一的市级补贴标准	月	2015年起	补贴由各市、县负担，省级财政视各地此项工作开展情况，给予适当补助，所需资金从省级福彩公益金中列支	数据缺失
吉林省	公办和民办养老机构新增床位省级财政给予一次性建设补贴3000元；农村养老服务大院在国家给予资助的基础上，省级按照1:1配套补贴资金；采取以奖代补的方式，按照建筑面积，给予日间照料中心5万—10万元补贴，给予城市社区居家养老服务中心30万—50万元补贴；建立贫困居家失能老人护理补贴制度，按照每人每年1200元标准给予补贴，省级财政和地方财政各承担50%；继续实行困难老人入住机构补贴政策	年	2014年	省级财政预算	数据缺失

省级层面	补贴范围和标准	发放周期（月/年）	执行时间	资金来源	惠及老年人数（人）
黑龙江省	具有黑龙江省户籍且年龄在60周岁以上的城乡低保、低收入家庭失能和半失能老年人，均享受失能补贴。补贴标准为：低保家庭失能老年人每人每月150元、半失能老年人每人每月100元；低收入家庭失能老年人每人每月100元、半失能老年人每人每月50元	年	2013年1月	地方财政资金	74383
上海市	1. 具有本市户籍、年龄70周岁及以上、参加本市职工基本医疗保险、居住地为试点已覆盖区域的老人，可申请享受居家医疗护理服务 2. 服务提供。二级老人每周上门服务3小时，照护三、四级老人每周上门服务5小时，照护五、六级老人每周上门服务7小时 3. 居家医疗护理费用支付。在原有50元/次基础上适当调整收费标准。职工基本医疗保险统筹基金支付90%，个人支付10%	按服务次数结算	2016年1月	城镇职工基本医疗保险	2000

续表

省级层面	补贴范围和标准	发放周期（月/年）	执行时间	资金来源	惠及老年人数（人）
江苏省	1. 低保家庭中60周岁以上的失能老人，按不低于100元/月/人的标准给予护理、服务补贴 2. 低保家庭和分散供养的特困对象中80周岁以上的老年人、低保和低收入家庭中60周岁以上的失独老人，按不低于60元/月/人的标准给予护理、服务补贴	季	2015年3月	省、市、县三级财政以及福彩公益金	1500000
安徽省	对失能、半失能老人，在地方补贴标准的基础上，按照轻、中、重度失能失智程度，分别上浮50%、100%、200%以上	月	2014年7月	市、县财政	83000
山东省	具有山东省户籍的，享受城乡低保或散居城市"三无"、农村五保待遇的，生活长期不能自理、能力等级为2—3级评定标准的老年人。每人每月不低于60元	年	2014年1月1日	省级财政补贴，市、县配套	122106
河南省	对经济困难的高龄、失能等老年人补贴和护理补贴标准，由各市县根据当地经济社会发展水平、物价变动情况和财力状况等因素自行确定。有条件的地方，可制定全市统一标准，没有条件的地方由县（市）人民政府根据实际情况确定	月	2015年12月	各级财政	3400000

省级层面	补贴范围和标准	发放周期（月/年）	执行时间	资金来源	惠及老年人数（人）
广东省	补贴对象：定位于无劳动能力、无生活来源且无法定赡养、抚养、扶养义务人，或者其法定赡养、抚养、扶养义务人无赡养、抚养、扶养能力的特困人员中60周岁及以上的失能老年人、低保家庭中60周岁及以上的失能老人、特困人员和低保家庭中80周岁及以上的高龄老年人、低收入家庭（低保标准1.5倍以内）中60周岁及以上的失能老人。发放标准：原则上特困人员和低保家庭中的60周岁及以上轻度失能老人按不低于100元/月/人、中度失能按不低于150元/月/人、重度失能按不低于200元/月/人的标准给予补贴；特困人员和低保家庭中80周岁及以上的高龄老年人，按不低于60元/月/人的标准给予补贴；低收入家庭（低保标准1.5倍以内）中60周岁及以上的失能老人，按不低于60元/月/人的标准给予补贴。有条件的地级以上市可制定统一的补贴标准，也可由县（市、区）根据实际情况确定	月	预计2017年	各级财政	数据缺失

省级层面	补贴范围和标准	发放周期（月/年）	执行时间	资金来源	惠及老年人数（人）
重庆市	具有重庆市户籍的城乡低保对象、城市"三无"人员和农村五保对象中的年满60周岁且生活不能自理的老年人，具体包括：肢体、智力、精神、视力四类一、二级重度残疾失能老年人和因病瘫痪卧床不起6个月以上的重度失能老年人，每人每月200元	月	2015年7月	各级财政	40000
四川省	困难家庭的失能老人、独居老人和80周岁以上的高龄老人，每人每年300元，省级补助35%	年	2016年	财政预算、福彩公益金	2000000
贵州省	年满80周岁（含80周岁）以上，家庭人均收入低于当地低保标准的老年人，享受经济困难高龄老年人补贴 年满60周岁（含60周岁）以上，家庭人均收入低于当地城乡低保标准的老年人，经县级以上医疗卫生机构鉴定评估能力最终等级为"轻度失能""中度失能""重度失能"的，享受经济困难的失能老年人补贴	月	2016年3月底	各级财政	1081
西藏自治区	低保家庭中60周岁以上70周岁以下（含70周岁）的失能老人，每人每月50元	年	2016年1月	自治区财政60%，市（地）财政20%，县（区）财政20%	26964

续表

省级层面	补贴范围和标准	发放周期（月/年）	执行时间	资金来源	惠及老年人数（人）
新疆维吾尔自治区	按照文件精神，各地结合实际，确定与当地经济社会发展水平相适应的补贴对象和补贴标准	月	2015年11月	各级财政	180000

资料来源：民政部办公厅关于在全国省级层面建立老年人补贴制度情况的通报，2016年8月23日（http：//www. gov. cn/xinwen/2016－08/23/content_ 5101684. htm）。

从表6－4中可以看出，大部分省市的护理补贴的年龄都是定位在60周岁及以上、拥有本地户籍的，资金来源有的是各级财政，有的是省级财政，有的是县级财政，还有的是彩票公益金、城镇职工基本医疗保险等，各地标准不一，从提供现金补贴到提供服务，从补贴对象来看，有的补贴到个人，有的补贴到照料中心。

1. 各地领取条件均存在额外限制，但各有差别

根据护理补贴制度的实际开展情况来看，各地有所差别。其中，京、津、沪、黑、辽、闽、渝七省市增加户籍条件限制，津、晋、辽、黑、吉、苏、浙、闽、渝、豫、粤、黔、藏、青、新等15个省、区、市增加经济状况（如低保、特困等）条件限制，晋、辽、沪、苏、粤、黔、藏、新8个省、区、市增加年龄条件限制，上海市增加是否参加医保条件限制。此外，5个出台护理补贴政策的副省级城市中都增加了本地户籍限制，哈尔滨市、西安市、厦门市要求领取人的经济状况必须为低保、特困等政府保障标准范围。

2. 各省市对不同情况的老年人补贴标准不同

如北京市和天津市两地对重度失能的老年人每人每月补贴标准均为600元。在增加经济状况要求的省份中，补贴标准最高的是青

海省，对轻度、中度、重度失能特困老年人分别按 300 元/人/月、450 元/人/月、750 元/人/月给予照料护理补贴。在增加年龄要求的省份中，补贴标准最高的是上海市。

3. 资金来源不同

从补贴资金来源来看，主要通过各级财政安排解决，但在更具体的财政资金补贴渠道上有所区别。其中，北京市规定由福利彩票公益金、残疾人就业保障金区级财政资金共同承担；上海市规定护理服务费用由城镇职工基本医疗保险解决；辽宁省、福建省和江苏省规定由各级财政和福彩公益金承担；湖南省规定从中央、省级财政补助金和各级财政资金中解决。

（三）存在的问题

我国的老年补贴制度虽然已经取得了一定成效与良好的社会反响，但这些政策呈现显著的地域性特征，各地政策从定位、目标人群，到领取条件（户籍和年龄）、待遇水平、覆盖水平等均有较大差异，还存在一系列的问题。

1. 缺乏国家层面的法律法规或政策规定

民政部鼓励有条件的地区实施老龄津贴制度，从实施情况来看，国家尚未从政府层面上制定统一的法律法规或政策文件，使老年津贴制度的实施具有较大的随意性，老年津贴的发放很大一部分靠地方政府的自觉性来实施，从整体上来看，各地政府的实施标准和发放情况也各异。

2. 待遇水平普遍偏低，部分地区津贴对象年龄偏高，限制条件较多

多数地区以 80 周岁为最低限发放老年津贴，部分地方以 70 周岁为最低限发放，现行的老年津贴只有部分老年人受益且受益程度较低。护理补贴除了年龄、户籍要求，有的地方还有经济要求。

3. 补贴水平差距大

补贴水平存在地区差异、城乡差异,造成了新的社会不公。我国老年津贴发放主要由不同级别财政负担,有的是省级财政,有的是省级以下地方财政财政。因此发达地区与城市的老年津贴普遍高于落后地区的给付水平,如北京市、天津市、上海市等城市相对较高。部分地区城镇的老年津贴发放水平高于农村水平,老年津贴发放水平的地区差异、城乡差异进一步拉大了城乡差距,造成了新的不公平局面。①

二　城乡居民基础养老保险金

中国城乡居民基本养老保险已实现"制度全覆盖",作为 14 亿人口的大国,这是中国对国际社会保障作出的最大贡献之一。根据国际劳工组织世界社会保障报告(2017—2019)发布的数据:"全世界有 68% 的退休人员领取养老金,这与许多中低收入国家的非缴费型和缴费型养老金覆盖面扩大有关。"这其中最大的贡献者便是中国城乡居民基本养老保险,因为它覆盖了城乡居民 51255 万人(2017 年年底数据)。

我国城乡居民基本养老保险是一项世界壮举,也是一个伟大工程。城乡居民基本养老保险制度的建设历程如表 6 - 5 所示,2009 年 9 月 1 日,国务院正式发布《关于开展新型农村社会养老保险试点的指导意见》,决定从 2009 年起开展新型农村社会养老保险(以下简称新农保)试点。2011 年 6 月 7 日,国务院又发布了《关于开展城镇居民社会养老保险试点的指导意见》,决定从 2011 年起开展城镇居民社会养老保险试点,复制新农保经验。2012 年年底,我

---

① 王燕:《我国老年津贴制度的现状分析》,《劳动保障世界》2013 年第 3 期,第 21 页。

国"新农保"与"城镇居民养老保险"同时实现了"制度全覆盖"。2014 年 2 月 21 日，国务院发布《关于建立统一的城乡居民基本养老保险制度的意见》，决定将两个制度合二为一，统称为城乡居民基本养老保险制度，该制度规定参保人缴费满 15 年、不分性别、年龄达到 60 周岁，就可以按月领取城乡居民养老金了（发展变迁如表 6-5 所示）。城乡居民养老金由两部分构成，一部分是政府发放的基础型养老金，各地标准不统一，2018 年全国最低地区的城乡居民基础养老金的标准是每月 88 元，这也是国家制定的最低标准，最高的是上海市每月 930 元；另一部分叫个人账户养老金，等于个人账户储存额除以养老金计发月数 139。

截至 2017 年 12 月底，城乡居民基本养老保险参保人数 51255 万人，其中，领取待遇人数 15598 万人，月人均待遇 125 元。

从本质上看，城乡居民养老保险中的基础养老金就是世界银行"零支柱"的非缴费型养老金制度。在给付标准上，全国统一设定的基础养老金最低月标准为：2009—2014 年设为 55 元，2014 年 7 月 1 日首次提高至 70 元，2018 年 1 月 1 日其标准提高为 88 元，各省可在此基础上制定不低于全国标准的本省基础养老金的最低标准。

中央确定的基础养老金标准部分，中央与地方按比例分担支出责任：中央对第一档和第二档承担全部支出责任，第三档到第五档，中央分担 50%。五档省份名单及具体分档分担比例如表 6-6所示：

表 6-5　　　　　　　城乡居民基础养老保险制度的建设历程

时间	政策名称	内容	作用与效果
1992 年	民政部《县级农村社会养老保险基本方案》	建立以个人账户、储备积累为制度模式的县级农村社会养老保险制度，即"老农保"制度	由于农民自助型个人储蓄的筹资方式单一、保障水平低、农民参保积极性普遍不高

续表

时间	政策名称	内容	作用与效果
1997 年	《国务院批转整顿保险工作小组〈保险业整顿与改革方案〉的通知》	指出目前中国农村尚不具备普遍实行社会保险的条件	对已开展的农村社会养老保险进行清理整顿
2008 年	《中共中央关于推进农村改革发展若干重大问题的决定》	按照个人缴费、集体补助、政府补贴相结合的要求,建立新型农村社会养老保险制度,即"新农保"制度	提出建立"新农保"制度
2009 年	《国务院关于开展新型农村社会养老保险试点的指导意见》	提出实行社会统筹与个人账户相结合,保障农村老年居民基本生活的新型农村社会养老保险制度建设思路	政府给予缴费"入口"补贴,养老金发放"出口"补贴,极大地调动了农村居民的参保积极性
2011 年	《国务院关于开展城镇居民社会养老保险试点的指导意见》	开展与新农保同步推进的"城居保"试点	2012 年年底同时实现了"新农保""城居保"的制度全覆盖
2014 年	《国务院关于建立统一的城乡居民基本养老保险的意见》	将"新农保"与"城居保"统一	在全国建立起统一的城乡居民基本养老保险制度

资料来源:张思锋、李敏:《中国特色社会养老保险制度:初心 改革 再出发》,《西安交通大学学报》(社会科学版)2018 年第 6 期,第 2 页。

表 6-6　　　　　　　中央负担基础养老金比率

	范围	分担比率
第一档 (低财政收入档)	内蒙古、广西、重庆、四川、贵州、云南、西藏、陕西、甘肃、青海、宁夏、新疆 12 个省(区、市)	中央承担全国统一规定最低基础养老金标准的 100%

	范围	分担比率
第二档 （中低财政收入档）	河北、山西、吉林、黑龙江、安徽、江西、河南、湖北、湖南、海南 10 个省	包括中央承担全国统一规定最低基础养老金标准的 100%
第三档 （中等财政收入档）	辽宁、福建、山东 3 个省	中央分担 50%
第四档 （中高财政收入档）	天津、江苏、浙江、广东 4 个省（市）和大连、宁波、厦门、青岛、深圳 5 个计划单列市	中央分担 50%
第五档 （高财政收入档）	北京、上海 2 个直辖市	中央分担 50%

资料来源：根据董登新：《城乡居民基础养老金最新排行榜——地方财政实力取决于区域经济发达程度整理》，2018 年 2 月 13 日，搜狐财经网（https：//www.sohu.com/a/222509380_126158）。

2018 年城乡居民基本养老保险给付水平最高的是上海市，为每人每月 850 元，其次是北京市为 610 元，安徽省为 105 元，江苏省为 135 元，比较低的是黑龙江省，每月 90 元。不过，在东部沿海发达省份，城乡居民基础养老金实际执行标准，往往要远高于本省最低标准，当然更高于中央最低标准。[①]

从上面分析可以看出，我国城乡居民养老保险统筹层次低，管理分散，各地区保障水平差异明显，且大部分地方的基础养老金水平较低。除北京市、上海市、天津市三地之外，大部分地方城乡居民养老保险水平没有超过 150 元，有的地方就是老人每个月 88 元的基础养老金，这一水平约占农村官方贫困线的 35.2%（2016 年

---

① 董登新：《城乡居民基础养老金最新排行榜——地方财政实力取决于区域经济发达程度》，2018 年 2 月 13 日，搜狐财经网（https：//www.sohu.com/a/222509380_126158）。

农村贫困线约为人均纯收入 3000 元),占 2016 年城镇居民平均养老金的 3.7%。

经济发达地区与经济欠发达地区间的城乡居民养老保险水平存在较大的差距,目前经济欠发达地区城乡居民社会养老保险水平普遍不超过 100 元/月,而经济发达地区保障水平较高,上海市城乡居民人均社会养老保险金达到 850 元/月,最高标准和最低标准相差 9.7 倍,存在不小的差距。

另外,从现实情况来看,部分农户缴费困难。按政策规定一年最低缴纳 100 元就可以参保,虽然国家实施了扶贫攻坚计划,但仍然有不少困难户、低保户,城乡居民感到交费困难,年轻人参保意愿不高且倾向于选择最低档次。

第三节 小结

随着各地财政状况的改善与建设和谐社会重要部署的推进,近些年来许多省市建立了各自的非缴费型养老补贴制度,他们在补贴标准、补贴方式、资金渠道来源结构、资格条件等方面均不一致,在人口老龄化和老年贫困问题日益显现的今天,在没有中央统一政策的条件下,各地结合本地情况建立的地方性老年补贴制度是一种有益探索和重要实践,然而,这种补贴制度呈现出极大的"碎片化"趋势,待遇差距较大,也会对全国范围劳动力流动产生一定的扭曲效应。

从国际上看,很少有专门针对高龄老人的津贴制度。虽然许多国家有老年津贴制度,但这类普惠型的制度是非缴费型社会养老保障制度的一种重要形式,其主要目标是解决老年人的基本生活保障问题。世界上第一个老年津贴制度要追溯到 1669 年法国政府颁布的第一部年金法典，该法典规定了对不能从事工作的老年海员发给一定的年金。然而，真正意义上由国家为老年群体提供非缴费型养老金计划的第一个国家是冰岛。从发达国家和地区的情况看，老年津贴制度并没有区分一般老年人和高龄老年人，更重要的是，老年津贴制度实际上是一项社会养老保障制度，其主要目的是解决老年人的基本生活保障问题。从筹资方式看，享受者不必缴纳任何费用，资金全部由财政支付。概而言之，这类制度具有以下特点：一是充分体现国家在保障老年人基本生活方面的责任；二是更多地关注平等，比较公平地分配福利。而当前我国基于财政支付的无论是各种老年津贴还是城乡居民基础养老保险均存在人群分割、地区分割、城乡分割的状况，资金筹集方式不同，保障模式和待遇水平不同，当务之急，有必要借鉴国外发达和发展中国家的非缴费型养老金制度建设经验，整合所有关于老年群体的各种财政补贴，合并为一种覆盖全体国民、体现公平同时政府财政责任到位的、水平适度的非缴费型养老金制度，以保障那些低收入和社会弱势群体的基本生活。

第七章　构建非缴费型养老金制度的
必要性和可行性分析

第一节　必要性分析

一　社会保障基本价值理念的要求

一般来说，社会保障的目标包括防止贫困、收入替代和社会公平三个层次。防止贫困是最基本的保障，也是实施社会保障的根本目的，因为社会保障就是帮助人们抵御个人无法抵御的风险，而低收入者和弱势群体是抗风险能力最差的群体，因此，社会保障福利政策应当旨在惠及抗风险能力差的群体，具体到养老保障领域，就是要建立一套防止老年贫困的制度和机制。

"公平、正义、共享是社会保障制度的核心价值理念"[①]，也是养老保险制度的核心理念，公平的理念应打破养老保险保障制度的城乡分割、区域分割、社会人群分割的现状，建立全覆盖、保基本、多层次的养老保险制度。作为再分配和国家宏观调控重要手段的养老保障制度，应在基础层面对老年弱势群体的基本收入保障更

[①]　郑功成：《中国社会保障改革与发展战略（总论卷）》，人民出版社 2011 年版，第 13 页。

加注重，将消除老年贫困作为政策最基本目标，逐步形成基本的收入保障。[1]

党的十八届三中全会提出"建立更加公平可持续的社会保障制度"[2]，《国民经济和社会发展第十三个五年规划纲要》第六十四章"改革完善社会保障制度"明确提出，要始终"坚持全民覆盖、保障适度、权责清晰、运行高效，稳步提高社会保障统筹层次和水平，建立健全更加公平、可持续的社会保障制度"。[3]国务院发布的《"十三五"国家老龄事业发展和养老体系建设规划》指出，"到2020年，多支柱、全覆盖、更加公平、更可持续的社会保障体系更加完善"。

但是，面对养老金待遇水平的巨大差距，特别是农村老人普遍存在的贫困问题，政府在养老保障方面尚没有出台相关措施，这显然有悖于公平社会的价值选择。[4]

现行基本养老保险制度所存在的诸多缺陷，与其定位有密切关系。作为养老保障制度中的基础性项目，根据国际惯例，基本养老保险（公共养老金）具有公共品属性，其制度定位应该是为国民养老提供底线公平，这一"底线保障"的制度定位，表明政府在基本养老保险制度中的责任，让全体国民共享经济社会发展的成果，实现人群全覆盖，所有老年居民，无论之前缴费与否，无论贫富，都

---

[1]　陈淑君、李秉坤、陈建梅：《社会保障理论与政策研究》，中国财富出版社2016年版，第95页。

[2]　尹蔚民：《建立更加公平可持续的社会保障制度（学习贯彻十八届三中全会精神）》，2013年12月，人民网（http://politics.people.com.cn/n/2013/1220/c1001 - 23894038.html）。

[3]　《中华人民共和国国民经济和社会发展第十三个五年规划纲要》，2016年3月，中国人大网（http://www.npc.gov.cn/wxzl/gongbao/2016 - 07/08/content_ 1993756.htm）。

[4]　景天魁、杨建海：《底线公平和非缴费性养老金：多层次养老保障体系的思考》，《学习与探索》2016年第3期，第32—36页。

可以领取水平适度的养老金,体现了社会公平。而非缴费型养老金制度把握了其作为"公共物品"的属性,厘清了政府、市场、企业和个人责任边界,理顺了现行养老保险制度中权利与义务。

二 "新经济"下就业结构和就业方式发生改变

知识经济和信息经济的兴起使得我国劳动力市场上的就业方式和就业结构开始发生转变,最典型的就是就业形式更加灵活、流动率升高。在这种形势下的非正规就业[①]和灵活就业人群占据较大比重。根据国家信息中心统计,2016 年我国通过互联网平台提供服务的劳动者人数已达 6000 万人,预计到 2020 年,分享经济提供服务者人数有望超过 1 亿人,其中全职参与人员约 2000 万人。这一部分人往往有较高的养老保险需求,但我国目前的第一层次的公共养老金制度是在传统工业发展的基础上,主要基于正规就业形式建立的,与当时的社会经济形态相适应,对于灵活就业者来说,基本养老保险政策不能采取任何强制措施让他们参保。而正是这种建立在就业稳定以及缴费连续背景下的模式,严重缺乏对非正规就业群体的支持,所以,最终导致这些群体逐渐受到排斥并被隔离在基本养老保险体系以外。[②]

据人力资源和社会保障部统计,目前,我国养老保险覆盖率已

---

① "非正规就业"这一概念起源于国际劳工组织(ILO)在 1973 年对肯尼亚就业问题的调查,《就业、收入与平等:肯尼亚增加生产性就业战略》报告中提出了"非正规部门就业"的生产模式,《1991 年局长报告:非正规部门的困境》中进行了更加详细的解释,其中"非正规部门"指的是"发展中国家城市地区的低收入、低报酬、无组织、无结构的小规模生产或服务单位"。

② Palacios Robert and Charles Knox-Vydmanov, "The Growing Role of Social Pensions: History, Taxonomy and Key Performance Indicators", *Public Administration and Development*, Vol. 34, No. 4, 2014, pp. 251 – 252.

超过90%，但由于我国人口基数大，还有约一亿人尚未被纳入社保体系。这一亿人主要是灵活就业人员、新业态就业人员和中小企业人员，这些人大多数是网约车司机、快递员、网约送餐员、网约厨师、保洁工、网店店主等灵活就业者和低收入者。这就意味着，他们将来老了以后，可能缺乏基本的社会保障。在非正规就业群体逐渐扩大规模的同时，社会保障问题也越来越明显。如果社会保障跟不上新业态的发展，相当于是在妨碍经济发展。同时，经济增长不能自动地替代社会保障来缩小不平等和促进社会公正，如果两者在实践中相互脱节，结果会是深刻的经济危机（郑功成，2017）。因此，一定要积极采取具有针对性的措施来完善非正规就业劳动者养老保障体系。

"互联网＋"时代，养老保险对新业态从业者来说，不该是奢侈品，而应是必需品。面对数量如此庞大的新型从业群体，应从底线思维出发，逐步解决灵活就业人员的养老保障相关问题。[1] 因此建议构建城乡普惠的非缴费型养老金制度，这是实现覆盖全民目标、促进人人享有基本社会保障的重要举措。[2]

三　是弥补农村传统保障方式弱化的重要途径

农村传统的养老保障方式主要包括家庭养老、土地养老及自我储蓄养老等，随着社会经济形势的发展变革，目前这三种保障方式均面临较大的冲击。

---

① 高小玫：《逐步构建全国统一的灵活就业人员社会保险体系》，2018 年 3 月，中国国民党革命委员会中央委员会网站（http：//www. minge. gov. cn/n1/2018/0305/c415161 – 29848826. html）。

② 韩秉志：《社保应是新业态从业者的必需品》，2018 年 1 月，搜狐网（http：//www. sohu. com/a/214725219_ 120702）。

首先,传统的家庭养老模式面临前所未有的挑战,主要体现在下述三个方面:一是赡养老人意识的减弱动摇了家庭养老的思想基础。二是家庭结构小型化对家庭养老模式产生冲击。三是工业化时代,老人家庭权威地位下降。

其次,土地对农民的传统保障功能正在弱化甚至衰退。其主要体现在三个方面:一是失地农民不断增多,主要源于大量的城郊征地导致耕地面积不断减少。二是农民仅依靠纯农业生产已经很难维持家庭日常生活所需。三是我国尚未建立起比较完善的农地流转机制,农民很难从土地流转中获得土地流转的应得收益。

最后,个人短视导致储蓄养老存在缺陷,一是人们缺乏足够的信息预测老年时满足基本生活需求所需的资金量,二是多数人不愿面对将来变老的事实,因此不可能做出明智的长期决策。

在中国,农民是一个防御风险意识和能力较弱的群体,也是为我国经济建设贡献最大而索取最少的群体。多年来,通过工农产品价格"剪刀差",农业为工业的发展做出了巨大贡献。当前中央向中西部地区农村老人提供每人每月88元基础养老金,如果中西部地方政府限于财力不能提供地方配套的话,这个每年1056元的养老金只相当于2015年现价贫困线(2800元)的37.71%。显然,这个低水平的基础养老金可谓杯水车薪,难以有效地避免农村老人陷于贫困。

综合上述分析,可以看出一方面,劳动力的自由流动和市场机制的不断强化,家庭结构的小型化、社会成员对家庭的依赖性总体上必然不断降低;另一方面,工业化和城市化的进展,必然不断占用更多的土地,这势必导致家庭养老保障功能和土地养老保障功能的弱化,农村传统的养老资源在当前和今后能够发挥的养老功能是比较有限的。

面对我国农村人口老龄化的巨大压力,现实又是一个保障基础薄弱、程度不够的社会养老保障体系,继续单纯地依靠家庭和城乡居民养老保险来解决农村居民的养老问题显然不具持续性，而期望通过商业保险的途径来解决农村居民的养老问题更不具有现实性，在农村居民对社会养老保障需求日益增长而传统的家庭养老、土地养老方式持续弱化，商业保险又无力承担的条件下，很有必要借鉴国际经验，构建一个人人能够公平享有的基础养老金，实现人人老有所养的目标。

四　应对人口老龄化和老年贫困的严峻挑战

据全国老龄办数据，截至 2017 年年底，我国 60 周岁以上老年人口为 2.41 亿人，占总人口的 17.3%。我国从 1999 年进入人口老龄化社会到 2017 年的 18 年间，老年人口净增 1.1 亿。

根据 2012 年联合国关于中国人口老龄化的方案预测，21 世纪的中国将是一个不可逆转的老龄社会，从 2015 年到 2100 年，中国的人口老龄化将非常严重，从图 7-1 可以看出，我国的老龄化大致可以分为三个阶段：

第一阶段，从 2015 年到 2035 年是快速老龄化阶段。这一阶段，中国 60 周岁及以上年龄的老年人口将平均每年新增 9049 万，到 2035 年，60 周岁及以上年龄的老人数量将达到 389995 万，老龄化水平将达到 26.9%，其中，65 周岁及以上年龄的老人数量将达到 281937 万，占总人口的 19.5%，80 周岁及以上年龄的老人数量将达到 51490 万，占总人口的 3.6%。

第二阶段，从 2040 年到 2055 年是加速老龄化阶段。伴随着 20 世纪 60 年代到 70 年代中期第二次生育高峰时期出生的人群进入老年，中国老年人口数量开始加速增长，到 2055 年，60 周岁及以上年龄的老年人口数量将达到顶峰 462231 万，老龄化水平将达到 34.2%，65 周岁及以上老年人口将达到 362611 万，占总人口的 26.9%，80 周岁及以上老年人口将达到 100602 万，占总人口的 7.4%。

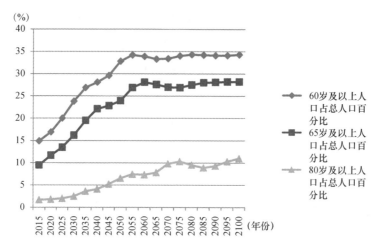

图 7 - 1 2015—2100 年中国人口老龄化趋势

注：根据 UN Economic and Social Affairs Division，World Population Prospects：the 2012 Revision 整理。

第三阶段，从 2060 年到 2100 年是稳定的重度老龄化阶段。这个时期，老龄化水平基本稳定在 33%—34%，到 2100 年，60 周岁及以上年龄的老年人口数量将增加到 372336 万，老龄化水平将达到 34.3%，65 周岁及以上老年人口将达到 306082 万，占总人口的 28.2%，80 周岁及以上老年人口将达到 11507 万人，占总人口的 11%。

人口老龄化是中国现收现付养老保险制度财务可持续面临的一个重要风险。以 60 周岁及以上人口占总人口的比重来衡量，1980 年为 7.4%，到 2010 年上升到 12.3%，超过世界 11% 的平均水平，与世界 5 个地区相比，排列第 4 位。但到 2050 年预计将高达 31.1%，排列第二，仅次于欧洲的 35.2%，高于北美的 27.8%，也大大高于世界平均水平的 21.9%。[1]

_____

[1] 郑秉文：《中国基本养老保险制度可持续性面临五大风险》，载社保财务丛书编委会编《社保财务理论与实践》第 3 辑，中国财政经济出版社 2011 年版，第 16—31 页。

随着我国人口老龄化速度的加快，老年人口数量显著增加，老年贫困人口的数量和贫困发生率也在呈快速增加的趋势。在社会转型过程中，老龄人口是最脆弱的群体，特别是在中国农村，诸如留守老人、失独老人、残障老人、孤寡老人以及身患重大疾病的老人数量众多，老年贫困群体整体数量巨大。

在"精准扶贫与城乡一体化建设"中青年学术研讨会上（2016），中国人民大学社会与人口学院讲师朱晓认为，随着人口老龄化的加剧，老年贫困问题将逐步显化。目前中国老年人贫困的发生率较高，贫困人口规模巨大，成为中国新贫困人口中的一个快速膨胀的群体，2014年，中国低于世界银行绝对贫困线的贫困老人有4895万，占老年人比例23.09%；低于国内低保线的老年人为5576万，占老年人比例达到26.3%。其中，世界银行贫困线指标有1.9美元/天（绝对贫困线）和3.1美元/天，折算2014年购买力平价分别为2448元/年和3994元/年，均高于农村新的扶贫标准2300元/年。国内贫困线分为城镇和农村的低保线，由于低保标准是由各县级部门根据当地消费及财政水平制定，各地区及城乡之间存有较大的差异，各省市城市低保线均高于农村。研究还发现35.88%的农村老年人收入不足1.9美元/天，即3个农村老年人就有1个人处于绝对贫困；2个农村老年人约有1个人处于相对贫困。按照最新2300元/年农村的扶贫标准，有35%农村老人总收入低于这一标准，是国家统计局公布的2014年农村人口贫困发生率7.2%的5倍。高龄老年人是陷入贫困的高危群体，80岁及以上的老年人其贫困发生率为30.09%—49.72%，远高于低龄、中龄老年人。根据2015年《中国统计年鉴》公布的2014年中国高龄老年人的基础数据，可推算得出高龄贫困老年人为770万—1272万。

国内学者对我国老年贫困人口的规模仍未有定论，不同的研究结论相差甚远。截至2013年年底，全国有22.9%的60周岁及以上老年人（4240万人）的消费水平位于贫困线以下，而获得社会救助的城乡老年人仅占60周岁及以上老年人口的11.89%，远低于老年贫困率的22.9%，而在老年人中，农村人口的贫困率（28.9%）远高于城镇人口（9.5%）。

北京大学“中国健康与养老追踪调查”（CHARLS）研究认为，如果按照人均消费水平来衡量贫困，中国城乡有22.9%的老年人生活在贫困线以下，总人数超过4200万。据国务院扶贫办摸底调查，截至2015年年底，失能、半失能老年人近4000万，全国现有7000多万农村贫困人口，同时有8500万残疾人、2.47亿流动人口。《2015年国家卫生计生委流动老人健康服务专题调查》显示，流动老人占流动人口总量的7.2%，年龄中位数为64周岁。

再根据世界银行统计，2010—2012年全球贫困人口和贫困发生率前10的国家，中国贫困人口数（14956万人）排名第二，仅次于印度贫困人口数（25952万人）[①]。世界银行2014年4月统计全球贫困人口达12亿，贫困人口排在前四位的国家分别是印度（占世界贫困人口的33%）、中国（13%）、尼日利亚（7%）、孟加拉国（6%）[②]。2014年，中国低于世界银行绝对贫困线的贫困老人有4895万，占老年人比例23.09%，中国低于国内低保线的老年人为5576万，占老年人比例达到26.3%。

尽管不同口径计算的我国老年贫困人口数量不同，但是共同之处在于各方均认为：中国目前老年人贫困问题非常严峻，如何在人口快速老龄化的背景下完善老年保障体系、缓解老年贫困是当前我国政府要解决的一个重点问题。

老年贫困是很多发展中国家长期面临的社会问题，相对其他年

① 国家统计局国际统计信息中心编：《世界经济运行报告2015/16》，中国统计出版社2016年版，第141页。

② 李华主编，岳崟、谌伟副主编：《国际社会保障动态：反贫困模式与管理》，上海人民出版社2015年版，第37页。

龄组，老年人贫困问题基本不可能通过劳动力市场或教育培训等就业相关政策来化解，唯一可行的是通过收入转移政策来实现。具体看通常有两个途径：一是通过一般社会救助项目，向处于贫困的家庭或个人提供救助，而不是专门指向老年人，老年人只是其中的间接受益群体；二是引入完全针对老年人的收入保护政策，通常也称为"非缴费型养老金"。

五 当前我国缴费型养老金制度面临巨大挑战

正如前文所分析的那样，我国养老保险制度既不公平也不持续。制度构成复杂、运行模式多种多样、碎片化、板块化严重、缺乏应有的衔接，妨碍了不同行业间、城乡间人口的正常流动，不能很好地体现社会保险互助共济的功能。这种体系分立的养老保险制度不但无助于制度效率的提升，同时也抑制了制度对公平的追求，[1] 导致群体间养老待遇不公平，加大了养老保险制度运行成本的同时，客观上也弱化了养老保险制度的再分配功能。[2]

一方面，虽然我国养老保险的覆盖率超过了90%，但中国人口基数大，还有1亿多的人没有参加。另一方面，我国当前的三层次养老保险制度均为缴费型制度，尤其是第一层次正处于降费改革的过程之中，将没有就业经历的贫困人群排除在外，实际上缴费型养老保险的待遇水平和就业状况、缴费能力密切相关。发达国家的实践表明，以缴费型为主的基本养老保险制度无论多么发达，覆盖面如何广，都不可能真正实现无遗漏的全覆盖，因为总会有人由于各

---

① 汪华：《制度效率与社会公平：体系分立的社会保险运作效应研究》，华东理工大学出版社2015年版，第240页。

② 同上书，第38页。

种原因被遗漏或者被排斥在制度之外。[①] 缴费型养老金体系强调缴费和就业的关联性，将社会中的低收入者排除在外，非缴费型养老金保护低收入或者无收入人群不会陷入老年贫穷，能够弥补第一层次、第二层次和第三层次对低收入群体覆盖不足的缺陷，解决了现行养老保险制度忽视低收入人群的问题。[②]

人人老有所养，是国家发展既定的重要民生目标，也是我国到 2020 年时要实现的目标。当务之急，有必要借鉴国际经验建立非缴费型养老金制度，这对于扩大我国养老保障的总体覆盖面、消除贫困、减少"碎片化"具有重大的意义。

六　建立具有托底功能的公共养老金制度是国际社会普遍共识

从实践来看，在 20 世纪 80 年代以来，一些发达国家谨慎地开始了对高福利型社会保障体系的改革与调整。各国所推行的社会保障调整方案与政策虽不尽一致，但就其改革的宗旨与总体方向而言又存在若干趋同倾向，其中之一就是各国都很注重夯实社会保障的"底线"。在新公共管理"政府再造""政府瘦身"的巨大浪潮中，社会保障并没有被"大拆大卸""连根拔除"，而是在各种力量的共同作用下，甚至可以说是在各个利益集团的相互博弈中，社会保障的功能被重新审视，社会保障的作用被再次定位。经过不断的磨合调整，从全球趋势看，社会保障制度改革

---

① 孙守纪、齐传钧：《欧债危机背景下的意大利养老金制度改革——碎片化养老金制度的分析视角》，《中国地质大学学报》（社会科学版）2013 年第 4 期，第 91—98 页。

② 胡继晔：《国际养老金改革对我国的启示》，《中国经济时报》2016 年 12 月 16 日第 A8 版。

中，人们更加注重对"基础性保障"或"底线性保障"的建设，这种重视突出体现"社会保护底线（social protection floor）"概念的形成及得到广泛认同。

早在 2001 年，国际劳工组织主张通过扩大缴费型计划覆盖面、发展非缴费型计划及发放特定津贴等方式，为体制外的群体及家庭提供保障，实际上，国际劳工组织一直倡导构建社会保护底线机制，其宗旨是要不断强化公共养老金的保底或托底作用，具体包括两个方面：一是基本养老金全覆盖及缴费扩面；二是在基本养老金之外，建立与社会福利及减贫机制相关联的非缴费型计划。这些改革措施更强调社会公平与社会正义，以及对社会弱势群体的底线保障，这使得公共养老金在养老保障中的基础地位和托底作用被进一步强化和凸显出来。[①]

世界银行认为如果财政状况许可，国家应建立基本支柱以保证终生收入较低或在一生的大部分时间从事非正规就业的人们在年老时可获得基本的保障，要实现这个目标有三种方式：一是通过社会救助；二是家计调查式；三是普惠式养老金[②]。

建立健全全民共享的国民养老金制度是世界各国社会养老保险制度建设的趋势[③]。非缴费型养老金制度对于发展中国家有独特意义。一方面，由于发展中国家就业不充分、居民收入较低，如果采取缴费型养老金制度，低收入社会成员将被排除在外。另一方面，由于非缴费型养老金不考虑社会成员收入和工作年限，管理结构简

---

① 董登新：《世界养老金体系重构动因与动向》，《中国劳动保障报》2016 年 12 月 20 日第 3 理论版。

② ［奥］罗伯特·霍尔茨曼、理查德·欣茨：《21 世纪的老年收入保障：养老金制度改革国际比较》，郑秉文等译，中国劳动社会保障出版社 2006 年版，第 5 页。

③ 汤兆云：《城乡统筹发展中的社会养老保险制度建设研究》，经济日报出版社 2017 年版，第 283 页。

单,交易成本低,对于工资收入信息不充分的发展中国家更为适用①。

第二节 可行性分析

一 经济条件:我国经济保持平稳增长,综合国力显著提升

大约 2000 年,中国还是世界第七大经济体,2007 年超越德国成为世界第三,2010 年 7 月 30 日,中国人民银行副行长、国家外汇管理局局长易纲在接受采访时表示,中国已经超越日本成为世界第二大经济体,这是中国官员首次指出中国经济成为世界第二。

2013—2016 年,国内生产总值年均增长 7.2%,高于同期世界 2.6% 和发展中经济体 4% 的平均增长水平,平均每年增量 44413 亿元(按 2015 年不变价计算),根据国家统计局初步核算,2016 年全年国内生产总值为 744127 亿元,2017 年中国 GDP 总量为 827122 亿元,首次迈进 80 万亿元的门槛,GDP 同比增长 6.9%,增速较 2016 年提高 0.2 个百分点。这是自 2010 年以来中国经济增长首次加速。

2016 年,我国国内生产总值折合 11.2 万亿美元,占世界经济总量的 14.8%,比 2012 年提高 3.4 个百分点,稳居世界第二位。2013—2016 年,我国对世界经济增长的平均贡献率达到 30% 左右,超过美国、欧元区和日本贡献率的总和,居世界第一位。

---

① 董克用、孙博:《从多层次到多支柱:养老保障体系改革再思考》,《公共管理学报》2011 年第 1 期,第 1—9 页。

再从非缴费型养老金导入时的初始条件来看（见表7-1），美国、日本、瑞士等发达国家都是在20世纪50年代（进入中高收入之前）就引入了覆盖全民的非缴费型养老金制度（见表7-1）。其中新西兰在人均GDP＄2814（Word Bank）时，就引入了超级国民养老金制度。而中国2009年人均GDP到达＄5919（Richard Herd，2010）时才引入新型农村养老保险。日本1959年引入非缴费型养老金制度，与中国相比早了50年，当时日本第一产业就业人口占总就业人口的38%，与中国接近。对比OECD国家引入非缴费型养老金时的经济状况，中国第一产业就业人口比重与早期引入的国家数据接近，而农业和渔业产值比重与晚期引入国家的数据接近，但OECD国家在引入初期就实现了全覆盖，且待遇水平能够保障老年人的基本生活，中国却到现在还有30%的老年群体领不到养老金，而且很多地区待遇水平不足农村最低生活保障水平的1/3。这足以说明，中国城乡居民养老保险制度的实施和发展，并非受现行经济条件的约束，而可能是制度本身设计不合理或重视程度不足造成的。

表7-1　　西方发达国家建立非缴费型养老金年份及人均GDP
超过6000美元的年份

国家	建立非缴费型养老金年份	人均GDP超过6000美元的年份
澳大利亚	1900	1974
丹麦	1891	1974
芬兰	1937	1976
法国	1956	1975
德国	2003	1977
冰岛	1890	1976
日本	1950	1977
新西兰	1898	1979
挪威	1936	1974

国家	建立非缴费型养老金年份	人均 GDP 超过 6000 美元的年份
西班牙	1994	1986
瑞典	1913	1973
瑞士	1948	1973
英国	1909	1979
美国	1935	1973

资料来源:根据国际助老会数据库及刘敏《适度普惠型社会福利制度:中国福利现代化的探索》,中国社会科学出版社 2015 年版第 9 页资料整理。

根据世界银行 2013 年公布的最新标准,人均国民收入在 4086—12615 美元为中等偏上收入国家,我国 2012 年人均 GDP 为 9059 美元,已经进入中等偏上收入国家行列,根据表 7 - 1 所显示的 14 个发达国家,除了德国和西班牙,其他国家都是在进入中等收入国家之前就已经建立非缴费型养老金制度。

我国要构建普惠式的非缴费型养老金制度,非缴费型养老金支出以及隐形债务问题是需要由政府财政负担的两个主要部分。隐形债务是既成事实,不管是否建立非缴费型养老金体系都会存在。所以新增的财政支出主要是用于非缴费型养老金支出。我国经济多年连续高速增长,2015 年 GDP 总量已经突破 67 万亿元,稳居世界第二;财政收入得益于经济的良好发展也是逐年攀升,2015 年我国财政收入达到了 15 万亿元,国家经济的快速增长为我国建立普惠式非缴费型养老金提供了有力的支撑。

二　政府的财政收入可观

《2017 年国民经济和社会发展统计公报》指出,2017 年中国经济实力实现新跃升。当年,中国国内生产总值(GDP)占世界经济的比重为 15% 左右,比 5 年前提高了 3 个百分点以上,稳居世界第二位。2017 年中国对世界经济增长贡献率在 30% 左右，继续成为世界经济稳定复苏的重要引擎。数据显示，2017 年，中国国内生产总值比上年增长 6.9%，总量超过 80 万亿元，达到 82.7万亿元。

根据财政部发布的数据，2018 年 1—12 月：全国一般公共预算收入 183352 亿元；全国政府性基金预算收入 75405 亿元；全国国有资本经营预算收入 2900 亿元。简单计算，2018 年一年，中国政府的整体财政收入达到了 26.17 万亿元，财政收入水平，继续稳居世界第二位。

当前我国经济处于快速发展阶段，GDP 和财政收入都稳居世界第二，进行国民收入在分配的能力和手段都已具备，如此财力投入非缴费型养老金体系的建设自然不是问题。

但是，中国社会保障支出长期以来都是不足的，社会保障支出占财政支出的比重多年低于 10%。据财政部数据，2015 年财政总支出是 175768 亿元，其中社会保障和就业支出为 19001 亿元，只占 10.8%。如果将社会保障基金收入视同税收列入财政收入，那么加上社会保障基金支出约 3.8 万亿元，再剔除其中财政投入的约0.9 万亿元，大致可计算出全社会的社会保障支出约占财政支出的23%。全世界社会保障支出占财政支出比重高的国家是瑞典、挪威等北欧国家和德国、法国、英国等。多年来，德国这一比重为 45%左右，瑞典等北欧国家约为 40%，而这些国家在 2008 年的经济危机波动中表现良好，经济较为稳定，社会较为和谐。① 我国全社会的社会保障支出占财政支出的约 23%，远低于发达国家至少 20 个百分点，也低于一些中等收入国家。以社会保障支出占 GDP 比重看，中国约为 5%，低于土耳其、俄罗斯、墨西哥、伊朗和智利等

---

① 宋晓梧：《"十三五"时期我国社会保障制度重大问题研究》，中国劳动社会保障出版社 2016 年版，第 4 页。

国，略比印度高一点，也远低于发达国家的20%—30%的比重①。

无论从社会保障支出占财政支出比来看，还是社会保障支出占GDP比率来看，我国的社会保障都是属于支出水平很低的国家行列，财政投入相对不足，从根本上制约了社保的普惠，导致养老金尤其是城乡居民基础养老金过低，远远不够维持受保人的基本生活。在近年来经济平稳较快增长和财政收入不断增加的背景下，政府应不断加大投入，通过提高基础养老金水平，让更多老年人共享社会经济发展成果。"十三五"期间，中国社会保障支出水平还有相当大的提高空间，我们应该将更多的财政支出用于社会保障，加大对低收入群体的倾斜力度，重点照顾老人、残疾人和其他低收入者等弱势群体。②

根据澳大利亚新南威尔士大学鲁蓓博士所领导研究团队对中国普惠式养老金（Social Pension）的测算，如果按照2011年全国贫困线每年每人2300元（相当于人均GDP的6.6%）为低保养老金的标准，全国一共有1.42亿人有资格领取，需要资金3270亿元，相当于当年GDP的0.69%。按照一对夫妇生育1.55个孩子测算，到2050年，随着经济、人口的自然增长和老龄化进程的加剧，低保养老金将达到当年GDP的0.96%。应当说，不足GDP总量1%的低保养老金是国家公共财政完全可以负担的。

鉴于我国的实际经济水平与世界发达国家的显著差距，类似北欧的高福利社会保障制度显然是不能适应我国实际国情的，因此当前阶段我国提供的普惠式养老金的性质只能是保基本，当然随着经济水平和人民生活水平的进一步提高，非缴费型养老金的保障水平随之上涨也是应有之义。

---

① 宋晓梧：《"十三五"时期我国社会保障制度重大问题研究》，中国劳动社会保障出版社2016年版，第236页。

② 同上。

三　制度条件：城乡居民养老保险制度及各种老年补贴

近年来一些国际著名学者（包括诺贝尔经济学奖获得者 Peter Diamond）和世界银行等国际组织的研究中均提出了建立非缴费型养老金体系的建议，并将之称为"零支柱养老保险"或"公民养老金"。一些国家如加拿大、澳大利亚、新西兰和韩国等，已经建立了非缴费型养老金制度。实际上，我国零支柱养老保险并非空白，而是已有一定的基础。现行的城乡居民基本养老保险筹资主要来源于中央与地方财政，如 2015 年我国城乡居民基本养老保险基金收入 2855 亿元，其中个人缴费 700 亿元，不足 1/4，其余主要来源于各级财政补贴。还有财政支付的高龄津贴以及护理补贴。从这个意义上来说，城乡居民基本养老保险和老年补贴的筹资已经非常接近非缴费型养老金。我们需要做的，是在原有的基础上进一步发展和提高。

另外，在城乡居民养老保险制度整合的基础上，再次实现企业与机关事业单位养老金制度并轨，这为中国社会养老保险制度下一步的整合（即城乡居民养老保险制度与企业机关事业单位养老保险制度整合）奠定了坚实的基础，为我国统一的养老保障制度包括全民统一的国民年金制度创造了极其有利的条件。[①]

四　政策条件：政府在制度整合和可持续建设中起重要推动作用

近年来我国政府出台一系列养老保险政策来推动政策的整合，《社会保障"十二五"规划纲要》提出：坚持"广覆盖、保基本、

---

① 林义主编：《社会保险（第 4 版）》，中国金融出版社 2016 年版，第 153 页。

多层次、可持续"的基本方针，以增强公平性、适应流动性、保证可持续性为重点，加快建立覆盖城乡居民的社会保障体系，使广大人民群众得到基本保障，共享经济社会发展的成果，促进社会主义和谐社会建设。《中共中央关于制定国民经济和社会发展第十三个五年规划的建议》明确提出"建立更加公平、可持续的社会保障制度"，党的十八大报告提出"要统筹推进城乡社会保障体系建设。要坚持全覆盖、保基本、多层次、可持续方针，以增强公平性、适应流动性、保证可持续性为重点，全面建成覆盖城乡居民的社会保障体系"，党的十九大报告提出"按照兜底线、织密网、建机制的要求，全面建成覆盖全民、城乡统筹、权责清晰、保障适度、可持续的多层次社会保障体系"。

我国政府大力推进养老保障制度整合和可持续建设，这些为建立具有兜底作用、维护底线公平的非缴费型养老金制度提供了强有力的政策条件。

第八章　我国构建非缴费型养老金制度的政策建议

养老保险制度是现代社会保障制度中最重要的制度安排，这一制度的成败甚至能够决定整个社会保障制度的成败。目前我国的养老保险制度覆盖范围窄，统筹层次低，制度分割、责任分担机制不明晰，不仅直接影响劳动力的流动，阻碍着全国统一劳动力市场的形成，还损害了制度的公平性与持续性。我国养老保险制度改革和体系建设，既需要急切弥补现行制度的缺失，并对已有制度进行调整和完善，也需要根据客观环境的变化对未来制度框架进行总体设计。要借鉴国际经验，综合考虑当前我国国情及经济实力，建议建立起以缴费型养老保险制度为核心的、非缴费型养老金为补充的多层次养老保障体系。

第一节　总体思路

一　公平和普惠原则

公平性问题是社会保障的永恒课题，是社会保障的基本价值与理念。尽管经过 20 多年的努力，我国养老保障制度建设成效显著，城乡居民基本养老保险制度、城镇职工养老保险制度

以及机关事业单位养老保险制度全面建立，但是我国养老保障
体系中仍然存在有与无、多与少、好与差以及制度碎片化等诸
多问题。

党的十八届三中全会提出"建立更加公平可持续的社会保障制
度"，《国民经济和社会发展第十三个五年规划纲要》提出"建立
健全更加公平、更可持续的社会保障制度"。①公平、正义、共享是
社会保障制度的核心价值理念②。

早在 2004 年第 36 届国际社会学大会上，景天魁发表了题为
《论底线公平》的主题演讲，随后公开发表了同名论文。他认为，
底线公平不是就保障水平高低而言的，而是从政府和社会必须保
障、必须承担的责任角度提出来的，因而是"责任底线"，政府及
社会只有守住了"不可缺少的、必须要承担责任"的社会保障项目
才能真正实现公平；就程度来说，"底线公平"不是就保障水平高
低的意义而言，而是就政府和社会必须保障的、必须承担的责任意
义而言的，它是政府责任的"底线"，"底线公平"体现的是弱势
群体和底层民众的基本需求。③

具体到养老保障领域，根据底线公平的理论内涵，就是要建立
一套防止老年贫困、人人能够享受的最基本的养老金制度。这在西
方发达国家构建多层次养老保障体系的实践中已成共识。④

虽然中国已经实现养老保险制度上的全覆盖，但这种基于职业

---

① 《中华人民共和国国民经济和社会发展第十三个五年规划纲要》，新华网（ht-tp：//news. xinhuanet. com/politics/2016lh/2016－03/17/ c_ 1118366322_ 17. htm. ）。

② 郑功成：《中国社会保障改革与发展战略（总论卷）》，人民出版社 2011 年版，第 13 页。

③ 高和荣：《底线公平对西方社会保障公平理论的超越》，《社会科学辑刊》2018 年第 5 期。

④ 景天魁、杨建海：《底线公平和非缴费性养老金：多层次养老保障体系的思考》，《学习与探索》2016 年第 3 期。

身份而划分的养老保险制度在保障能力上是有差别的，特别是对农村居民以及非正规就业群体的保障效果尚难令人满意。所以，构建多层次养老保障体系，应该在完善与职业相关联的养老金和大力促进各种补充养老措施的同时，把底线公平作为制定政策的价值理念，基于城乡二元社会结构和收入差距较大的社会现实，建立人人都有资格享受的非缴费型养老金，以满足那些低收入和社会弱势群体的养老保障权利，保障他们的基本生活，使之避免陷入贫困，实现社会的公平。[1]

二　基本目标：人人老有所养

实现人人老有所养，是党和政府向人民做出的郑重承诺，它包含了两层含义：一是所有公民都被养老保险制度全覆盖，这是实现人人老有所养的基础性条件；二是保证所有老年群体的基本生活，旨在解除劳动者养老的后顾之忧。因此，现阶段应当尽快弥补制度的缺失，将养老保险覆盖全部劳动者作为重点，在实现全覆盖的条件下，确保老年人的生活质量又构成了实现人人老有所养的核心目标。[2]

三　待遇水平：适度普惠

当前中国的经济总体还处于发展中国家水平，地区之间、人群之间发展很不平衡，经济转型和社会发展的不确定性较大。基于以上诸多因素，非缴费型养老金的总体水平不宜过高，应与我国的经

---

① 景天魁、杨建海：《底线公平和非缴费性养老金：多层次养老保障体系的思考》，《学习与探索》2016 年第 3 期。

② 张开云、陈雷：《社会保障学导论》，暨南大学出版社 2012 年版，第 214 页。

济发展阶段相符合，经济上可持续。

国内学者对于中国福利制度的改革取向有三派观点：第一派主张实行"底线公平的社会福利模式"，废除补缺型福利模式，使城乡居民共享改革开放和经济发展成果，代表人物有中国社科院的景天魁教授等。景天魁（2007）提出中国要建立"底线公平的福利模式"，他指出，底线公平福利模式的主要特点不以福利最大化为追求目标，而是以经济与社会均衡发展为追求目标。郑功成（2008）认为，应根据公平、正义、共享原则来安排社会保障制度。

第二派主张要实行"中国特色的普惠型的社会福利制度"，代表人物有北京大学的王思斌与中央编译局的代恒猛等。王思斌（2009）认为普惠型社会福利应该是面向全体国民同时也是适度的社会福利制度，他从社会权利角度论述了福利制度的"普惠性"，从需要、供给与现实政策角度论述了社会福利制度的"适度"性，并主张在构建普惠型社会福利中政府责任要优先。代恒猛（2009）认为，在经济社会转型期，我国社会福利的目标定位是"普惠型"的社会福利发展模式。

第三派主张继续保持"补缺型社会福利模式"，反对实行城乡均等、国民普享的普惠型社会福利制度，代表人物为中国社科院的郑秉文（2009）。他认为，普惠型福利制度不太适合我国，因为它应对外部需求与经济波动的能力较差。对普惠型福利制度持反对意见的学者担心中国因普惠而患上福利国家的高福利病。[①]

其实第一和第二种观点主张的是社会福利水平的适度普惠，尽管普惠型的福利制度有种种好处，但也要遵循社会保障水平与经济发展相适应的原则，由于我国的经济实力还远远没有达到实行"普

---

① 陈元刚主编：《社会保障学教程》，重庆大学出版社2012年版，第342页。

惠型"社会福利模式程度，相较于北欧一些国家相当完善的社会福利制度，我们不得不承认，我国现阶段只能提供适度普惠的养老金[①]。

坚持适度的普惠也是由我国国情决定的。我国人口老龄化的一个基本特征是"未富先老"，纵观国外人口老龄化发展较早的国家，他们通常在人均 GDP 达到 5000—10000 美元时才进入人口老龄化阶段，而我国在人均 GDP 为 850 美元时就已进入老龄化社会。而且我国老年人口基数大，是世界上唯一一个老年人超过两亿的国家，而且每年还以超过百万老年人的速度在增加。

适度普惠福利型有助于尽快扩大我国养老保险制度覆盖面，缩小城乡差别，让更多城乡居民拥有养老金，同时也为多层次养老保险制度的可持续发展奠定了良好的制度基础。[②]

四　实施战略：统一性、协调性

鉴于我国现行养老保障制度总体上处于制度分立、过度分割、相对封闭、制度碎片化、杂乱无序、漏洞巨大的残缺状态，再考虑到我国社会经济结构急剧转型的时代背景及其未来发展趋势，我国养老保障制度改革既不能孤立地研究城镇职工养老保险制度改革，也不能仅仅停留在建立和完善农村社会养老保险制度上，而是应该将二者统一到构建城乡统筹、长期可持续发展的养老保障制度的整体研究框架中，实现公平与效率的平衡。[③]

---

① 上海市老年学学会：《2009：老年学论坛文集——青年学者专集》，上海锦绣文章出版社 2009 年版，第 568 页。

② 国家应对人口老龄化战略研究人口老龄化与养老保障制度可持续发展研究课题组：《人口老龄化与养老保障制度可持续发展研究》，华龄出版社 2014 年版，第 23 页。

③ 同上书，第 142 页。

第二节　制度设计

一　覆盖范围的选择

从国际经验来看，非缴费型养老金的覆盖对象选择有两种方式：普惠式和调查式。

（一）全民普惠式养老金

相比之下，普惠式非缴费型养老金制度具有明显特点：（1）简单易行，简化了资格条件，只要符合年龄或者身份条件的老年居民都可申领。（2）公平性。所有老年居民，无论之前缴费与否，无论贫富，都可以领取养老金。（3）便携性。老年居民可以在国内任意迁徙，无须重新家计调查。（4）全民普惠式养老金一般规定只要是本国公民，满足年龄要求，其覆盖是全范围的，自然无所谓城乡，无所谓退休与否（因其仅需要满足年龄条件，因此达到年龄条件者是否退休并不在考量范围之内）。

对贫困人口较多的国家而言，实行普惠式非缴费型养老金制度更为可行，普惠式养老金可以不考虑人们的收入状况和财富状况，管理结构简单，交易成本低，对金融机构不发达、雇员工资收入等基本信息资料不充分的发展中国家特别适用，能避免调查式对工作和储蓄的负面激励。普惠式有利于保证消除贫困目标的实现，有利于增强政治透明度，能相对有效地减少或避免虚假信息、腐败甚至欺诈。

一般认为全民普惠式养老金系统对财政能力要求较高，财政支出压力较大，这是一种合理的直观的逻辑推断。考虑到普惠式养老金较低的行政管理成本，因此这种系统的整体成本不一定就比资产调查式养老金的成本更高。因养老金政策的不同，实际养老金转移支付占 CDP 比重在各国之间的差别是比较大的，而剔除一些极端个案（如新西兰），其他国家社会养老金支出占 CDP 比重约为 1.2%，就普惠式养老金而言，并非很高的成本。[1]

（二）调查式养老金

调查式非缴费型养老金制度一般在有确定收入记录的正规经济部门中较为适用，调查式需要对个人的财务状况进行评估，需要较准确的收入记录和资产记录，但这些资料在发展中国家的农村地区往往难以获取。同样，调查式养老金的资格测试条件也难以确定，因为贫困和贫困线的标准较复杂。[2]

实施一项完善的家计调查需要庞大的人力和物力，并且对于管理部门和申请者双方都需要投入较大量的时间和金钱成本，例如派遣人员进行入户调查，或者要求申请者定期到相关机构进行资格确认等。调查式非缴费型养老金制度在管理上尤其需要进行充分的计算机化和信息化建设，才能够有效监控受领者的条件满足情况，同时避免相关机构的贪渎行为，而这些基础设施建设同样需要较高的成本。[3]

由于我国收入申报及统计制度不完善，甄别老年群体中的贫困者较为困难，且基于调查基础上的非缴费型养老金制度可能造成受益人被歧视、信息扭曲、激励错位、管理成本高、腐败行为等社会

---

① 林义等：《统筹城乡社会保障制度建设研究》，社会科学文献出版社 2013 年版，第 142 页。

② 张运刚、陈志国：《非纳费型养老保险制度国际比较及其在我国农村的适用性》，《改革》2007 年第 8 期，第 58—64 页。

③ 林义等：《统筹城乡社会保障制度建设研究》，社会科学文献出版社 2013 年版，第 204 页。

成本。相比之下，普惠式养老金可以不考虑人们的收入、财富和工作年限，管理结构简单，交易成本低，有利于降低家计调查式养老金计划所产生的上述成本，更适于中低收入国家。

我国的老年人口数量是公开透明的，依据这个公开的信息进行养老金的发放，减少了收入审查等环节，降低了制度运行的管理成本。相较于北欧一些国家相当完善的社会福利制度，我们不得不承认，我国现阶段只能提供适度普惠式的养老金。

二　资格年龄

为防止退休老人因收入中断而陷入贫困，非缴费型养老金领取的资格年龄应与退休年龄相衔接。由于我国退休年龄为 60 周岁，本书将最低资格年龄设置为 60 周岁，即在年龄达到 60 周岁后，无论其就业历史和收入状况如何，均可获得以国家财政为基础的、按月领取的有保障的养老金，不必经过其他相关资格审查手续。随着我国退休年龄的逐渐推迟，非缴费型养老金的领取资格年龄也应相应推迟。

第三节　所需资金测算

一　理论分析

由于非缴费型养老金的资格确定所需行政管理成本大小不一（家计调查式非缴费养老金的调查和管理成本最高，而普惠式非缴费养老金行政管理成本最低），为简化分析，模型中暂且忽略行政管理成本，而只考察财政成本。此外，本书的成本分析是一个静态分析，将不考虑人口具体细微的变动。

实行非缴费型养老金的成本取决于两个关键变量：领取养老金的人数和养老金待遇水平。申请的资格年龄越大，有资格的人数越少，总体成本越低；补助金额（向受益人提供的现金数额）越低，总体成本越低。国际上的管理成本一般占总成本的 5% 左右，甚至更低，本书的计算忽略行政管理成本。国际上的非缴费型养老金成本一般是用养老金支出占 GDP 或财政支出的比重变化来衡量（Help Age International，2007a；Willmore，2007），可以用以下公式表示：

$$C = P \times B$$

其中，C 表示成本，即非缴费养老金计划所需资金占一个国家 GDP 的百分比。

P 是符合领取资格的老年人口数占总人口数的百分比，具体是指能够领取到非缴费养老金的人口占 60 周岁及以上（或 65 周岁及以上）老龄人口的比例。

B 表示每个人的养老金水平占人均 GDP 的百分比。

二　实行非缴费型养老金所需成本

假设我国非缴费型养老金的待遇标准按照世界银行的贫困线标准每天 1.9 美元，一年大概 693.5 美元，2017 年（人均 GDP 约为 8643 美元）养老金待遇水平大概占人均 GDP 的 8%，2016 年（人均 GDP 约为 8123 美元）大概占人均 GDP 的 8.5%，所以本书将基础普惠式养老金的待遇水平确定为人均 GDP 的 8% 及以上，并定义高低两种方案，即 B = 8% 和 10%。

本书的 P 来自 2012 年联合国关于中国人口预测的方案，测算时间为 2020—2070 年。

参照国际经验及我国实际情况，对所有 60 周岁或 65 周岁及以上年龄的老人实行非缴费型养老金，待遇水平分高低两种。

方案一：

低方案：2020 年起 60 周岁及以上年龄的老人领取非缴费型养老金的标准为人均 GDP 的 8%；

高方案：2020 年起 60 周岁及以上年龄的老人领取非缴费型养老金的标准为人均 GDP 的 10%。

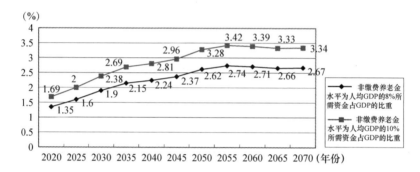

图 8 - 1 2020—2070 年中国 60 周岁及以上老年群体构建非缴费型养老金所需资金预测

注：根据 UN Economic and Social Affairs Division，World Population Prospects：the 2012 revision 整理。

方案二：

低方案：2020 年起 65 周岁及以上年龄的老人领取非缴费型养老金的标准为人均 GDP 的 8%；

高方案：2020 年起 65 周岁及以上年龄的老人领取非缴费型养老金的标准为人均 GDP 的 10%。

我们从图 8 - 1 可以看出，2020—2070 年，低方案，即享受的资格年龄为 60 周岁及以上，待遇水平为人均 GDP 的 8%，比较适合我国当前情况。对我国财政来说，这种方案压力不大，具有可持续性，即使在人口老龄化最严重、非缴费型养老金所需成本最高的 2055 年，也仅占 GDP 的 2.74%。随着人口年龄的增长，如果我国退休年龄延迟到65周岁，那么非缴费型养老金年龄资格也随之延长到65周岁，待遇水平为人均GDP的8%，在2065年普惠式养老金所需成本最高时，也仅占GDP的2.25%（如图8-2所示）。

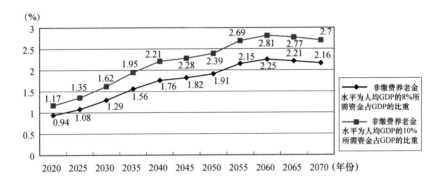

图8-2　2020—2070年中国65周岁及以上老年群体构建非缴费型养老金所需资金预测

注：根据 UN Economic and Social Affairs Division，World Population Prospects：the 2012 revision 整理。

国内也有学者测算出这样的制度在财政上是可行的，一个不低于城市最低生活保障标准的国民养老金计划更重要的是体现"全覆盖、保基本"的基本原则，国民待遇自然应该是全民共享且近乎绝对公平的，而维护这一基本的公民权利的责任理应由政府完全承担。2014年全国60周岁及以上老年人规模为2.12亿人，按照城市平均低保标准和补助水平，每人每年的养老金标准为3180元，财政每年负担约为6700亿元，仅相当于当年GDP的1.1%，全国财政总收入的4.8%；若以全国居民人均可支配收入（20167元/年）的一定比例（如20%）作为养老金替代率标准，则每人每年的养老金标准为4033元，财政每年负担约为8500亿元，仅相当于当年GDP的1.3%，全国财政总收入的6.1%。国民养老金完全由财政负担，保证 10%—20% 的养老金替代率，这也在一定程度上为第二支柱的缴费率下调提供了空间。①

这与张思锋养老保险体系改革团队（2018）的思路相吻合，他们研究认为国家承担责任的非缴费型基础养老金是可行的，按照每人每月基础养老金 1000 元，即高于 2017 年贫困线 3.9 倍测算，全年基础养老金支付总额为 2.892 万亿元，占 2017 年 GDP 的 3.5%，比经济合作与发展组织（OECD）2015 年国家财政支付的养老金占当年 GDP 的比例低 4.4 个百分点；每人每天基础养老金 33.3 元，按现行汇率计算，是世界银行每人每天 1.9 美元贫困线最低标准的 2.5 倍。②

毛里求斯和乌干达的经验表明，普惠式养老金在中低收入国家是负担得起的，目前中国的人均 GDP 比当时的毛里求斯和如今的乌干达要高得多，应该是有财力支付普惠式养老金的。构建一个保基本、均一水平的养老金，以保证公民基本权利和国民待遇为原则，一个不低于城市最低生活保障标准的非缴费型养老金制度是合理且可行。

第四节　多层次养老保障体系的整合

社会统筹与个人账户相结合的基本养老保险制度是中国在

---

① 蔡昉、张车伟：《中国人口与劳动问题报告 NO.16："十二五"回顾与"十三五"展望》，社会科学文献出版社 2015 年版，第 295 页。

② 张思锋、李敏：《满足老年人美好生活需要　构建多层次养老保险体系》，2018 年 11 月 30 日，中国科学报（http://news.sciencenet.cn/sbhtmlnews/2018/11/341421.shtm）。

世界上首创的一种新型的基本养老保险制度。该制度在基本养老保险基金的筹集上采用传统型的基本养老保险费用的筹集模式，由国家、企业和个人共同负担；基本养老金的计发上采用结构式的计发办法，强调个人账户养老金的激励因素和劳动贡献差别。社会统筹承担共济功能的部分强调公平，而承担个人积累功能的部分则注重效率。世界各国的社会保障制度中这二者都是分开的，唯有中国自20世纪90年代的社保制度建立时将二者结合。然而制度运行了20多年，实践证明其结合是不成功的，借鉴欧美发达国家的成功经验和失败教训，我们既不能孤立地研究城镇职工养老保险制度改革，也不能仅仅停留在建立和完善农村社会养老保险制度上，而应该将二者统一到构建城乡统筹、长期可持续发展的养老保障制度的整体研究框架中。① 养老金制度的建设不能再忽视体系性或系统性，不能再重复过去以身份或职业参照物的养老金制度，而应该有系统地考虑构建多层次的养老保障体系。

一　第一层次非缴费型养老金制度的整合与重构

从国内外的经验和实践来看，只有第一支柱（层次）托底功能加强，才能扩大第二和第三层次的比重。中国多层次养老保险制度体系与预期制度建设目标有较大差距，主要是第一层次基本养老金制度定位不准确——具体而言，包括现行制度公平性不足、可持续性令人担忧、制度运行效率不高，有些制度无法保障基本生活，有些制度则偏离了"保基本"的原则。由于基本养老金与

① 国家应对人口老龄化战略研究人口老龄化与养老保障制度可持续发展研究课题组：《人口老龄化与养老保障制度可持续发展研究》，华龄出版社2014年版，第142页。

补充性养老金之间存在替代关系，因而基本养老金制度定位不当，可能无法保障社会成员在年老之后有稳定的收入以购买基本生活资料，同时也可能扼杀中高收入层参与或购买补充性养老金的动机和缴费能力。[①]

第一层次是多层次养老金体系建设的关键，无论是基于养老金制度的公平可持续，还是基于多层次养老金体系建设，都必须把作为第一层次的基本养老金制度建设好，只有做好第一层次，才有能力达到对养老保险制度二、三层次的预期（何文炯，2017；林义，2017；郑功成，2017 等）。世界银行养老金改革负责人霍尔茨曼教授（2017）也认为，所有国家都需要建立多层次或多支柱养老金体系，但必须要先做好第一层次（支柱），中国的养老金急需定型，多层次养老金必须要先巩固第一层次，在此之上才能产生多样性的第二、第三层次，没有稳定的、有预期的第一层次，第二、第三层次也不可能发展好。

在人口老龄化不断加剧的背景下，我国着力构建的三层次养老保险体系中，在降低第一层次养老金的替代率、实现基础养老金全国统筹的过程中，不应该忽视了面向全体国民、具有兜底作用的养老金制度建设。宏观上讲养老金体系应该是三层次，但是微观上不一定人人都能够有三层次，我国近 5 亿人口的庞大社会底层群体包括灵活就业人员、新业态、非劳动关系业态、低收入人群等，就目前我国养老保险体系极大依赖第一层次基本养老保险制度而言，低收入群体因无力缴费将被排斥在参保门槛之外，他们根本没有条件和能力参加第二、第三层次的养老保险，在人口老龄化不断加重的情况下，社会上一些老年低收入者、残疾人等弱势群体由于养老金待遇不足将存在陷入贫困的巨大风险。

---

① 何文炯：《多层次养老金：第一层次是关键》，在首届全国养老金高峰论坛上的发言，2018 年 6 月，北京。

因而我们建议整合创新第一层次基础养老金制度①。在现有基础养老金制度的基础上，建立全国统一的基础养老金制度（以下简称国民基础养老金）。

将高龄老年人津贴和国家财政支付的基础养老金合并成为一个针对全国 60 周岁以上的所有老年人、统一标准定额给付的普惠式非缴费型养老金制度，并以此为契机，理顺原有的基本养老保险社会统筹部分、个人账户部分、企业年金部分、商业养老保险和个人自愿养老储蓄部分的关系，建立起一个更加完善的"三层次"养老保障体系。

第一步，将现行各种老年津贴和三项养老保险制度中财政支付部分合并为国家保障的非缴费型基础养老金，考虑到退休年龄的，所有年满 60 周岁的城乡居民都可以享受的，水平为人均收入6%的养老金，与农村贫困线接近。让每一位中国老人不管其是否向基本养老保障制度缴费都免于贫困，这个保护的底线由中央筹资，保障中国所有老年人的最低收入水平，与其就业历史或者缴费的记录无关，这个相当于世界银行提出的"零支柱"养老金。

国民基础养老金的基本特征是：（1）国民基础养老金制度以国民为参保资格，避免了现行制度以地域、身份和职业为参保资格造成的社会排斥与歧视以及覆盖遗漏的现象，体现了共享的理念。（2）国民基础养老金制度理顺了现行制度中权利与义务不分的混乱关系。现行机关、事业单位养老保险过于强调公共雇员应享受的权利，应尽义务则被忽略；农村养老保险则是过于强调义务，而享受的权利不足。（3）国民基础养老金制度以保障老年人基本生活作为

---

① 在日常生活中，人们常常把"统账结合"这个基本养老保险制度的统筹部分称为"基础养老金"。因此，基本养老金与基础养老金是不一样的：基本养老金是指"统账结合"制度的整体，而基础养老金是指"统账结合"中的社会统筹部分，即单位缴费的部分（郑秉文，2013）。

待遇支付的标准线，在这一标准线下所有参保者享受基本一致的待遇，体现社会公平，在这一标准线外是满足差别性需求的二、三层次的职业年金和商业性养老保险，体现效率原则。（4）国民基础养老金制度的设计把握了其作为"准公共物品"的属性。国民基础养老金由代表国家的中央政府进行顶层设计并承担主要的财政支持责任，但地方政府与其他公共机构、市场主体、用人单位和个人也承担制度实施与管理及经费支持的责任，避免了由国家包揽或全部交给市场和个人的两种极端。（5）国民基础养老金把全体国民统一在一个制度内，避免了制度分割人为造成较高的制度赡养率，强化了制度的社会互济与分散风险的功能。①

伴随着人口迁移流动与城市化，不享有养老金的城乡居民所占比例逐年减少。此外，非缴费型养老金制度建立以后，不可能再有老年人享有低保，取消高龄津贴。因此，建立非缴费型养老金制度后，国家财政用于养老保障的钱有增有减，增减相抵后，增加的部分实际上并不是很多，完全在中央政府财政承受能力范围之内。②

建立人人都有资格享受的非缴费型养老金制度，对所有达到受益资格年龄的老年群体提供具有保底功能的非缴费型养老金，从而构筑了一道老年群体收入保障的安全网，能够防止老年群体陷入贫困并有助于打破跨代贫困的恶性循环，特别是在人口老龄化、农村老年人口增多、平均预期寿命上升的趋势下，非缴费型养老金制度将构成老年群体必要的保障安全网，是维持老年基本生活的有效手段，也一定程度上能够缓解我国第一支柱养老金的"独木难支"。这对于实现十九大提出的全面建成覆盖全民、城乡统筹、权责清

---

① 吴红梅：《包容性发展背景下我国基本养老保险整合研究：基于整体性治理的分析框架》，知识产权出版社 2014 年版，第 217 页。

② 陈友华、苗国：《老年贫困与社会救助》，《山东社会科学》2015 年第 7 期，第 104—113 页。

晰、保障适度、可持续的多层次社会保障体系，满足人民日益增长的美好生活需要的目标具有重要的现实意义。待条件成熟时向国民年金制度过渡。①

二　建立健全多层次养老保障体系

关于我国三层次养老金体系的整合（见表 8 - 1），笔者完全赞同张思锋教授团队的观点，具体如下：

第一层次，国家承担责任的非缴费型基础养老金。将现行三项养老保险制度中财政支付部分，合并为国家保障的非缴费型基础养老金。这样做的意义一是体现国家是社会保险责任主体的马克思主义国家保障观。资金来源于社会保障税，具有普惠型与补缺型双重社会福利作用的国民待遇性质，覆盖中华人民共和国公民。二是体现既可避免养老金贬值风险，又能降低养老保险经办运营成本的现收现付制养老金的优点。三是体现保障老年人基本生活需要、支持特殊困难老年群体基本生存底线，发挥"安全网""稳定器"的功能。可以想象，国家承担责任的非缴费型基础养老金制度建立后，在中华人民共和国境内将不会再有贫困老年人。②

第二层次，雇主承担责任的强制性职业（企业）年金。将现行企业职工和机关事业单位养老保险社会统筹基金中单位缴费部分，转变为强制性职业（企业）年金，体现雇主对雇员丧失劳动能力后提供生活来源的社会责任，依据单位业绩、员工贡献，具有福利激励、资金积累功能。通过税收减免优惠政策激励企业积极参与。强

---

① 吴红梅：《包容性发展背景下我国基本养老保险整合研究：基于整体性治理的分析框架》，知识产权出版社 2014 年版，第 217 页。

② 张思锋、李敏：《满足老年人美好生活需要　构建多层次养老保险体系》，《中国科学报》2018 年 11 月 30 日第 7 版。

制覆盖所有用人单位,提高员工养老金待遇,发挥织密网、建机制作用。①

第三层次,个人承担责任的强制性个人储蓄养老保险。将现行三项养老保险制度中的个人账户的个人缴费部分,转变为强制性个人储蓄养老保险。体现要素贡献、能力差异,收入差别的个人责任。对没有储蓄能力的特殊人口群体由国家设立专门基金,代为缴纳个人储蓄养老保险。通过税收减免优惠政策,鼓励个人积极参与。具有国民收入储蓄的财富积累功能。覆盖全体社会成员,满足老龄人口美好生活需要,发挥织密网、建机制作用。②

除此之外,还应当进行一系列参数调整,如提高退休年龄、做实缴费基数、提高缴费年限等。③ 未来中国的多层次养老保障体系如表8-1所示。

表8-1   构建中国多层次养老保障体系

	组成	覆盖人群	资金来源	支付水平
第一层次	非缴费型养老金:国民基础养老金	全民(60周岁及以上)	政府一般税收	收益确定型,略高于最低生活保障水平
第二层次	职业年金	缴费对象(企业职工、机关事业单位工作人员)	单位出资(强制性)	缴费确定型,养老金由缴费工资基数和缴费年限确定
第三层次	个人储蓄	个人	雇员出资(强制性)	收益确定或者缴费确定型,获得投资收益

资料来源:张思锋、李敏:《满足老年人美好生活需要 构建多层次养老保险体系》,《中国科学报》2018年11月30日第7版。

---

① 张思锋、李敏:《满足老年人美好生活需要 构建多层次养老保险体系》,《中国科学报》2018年11月30日第7版。

② 同上。

③ 董克用、张栋:《中国养老金体系改革变迁:成就与挑战》,《清华金融评论》2017年3月。

第九章　结论与思考

从世界范围来看，尽管缴费型养老金制度历经一百多年的改革、发展和完善，基本上能够为老年群体提供基本的收入保障。但因缴费型养老金制度与其地区或国家经济发展状况、个人收入水平以及劳动力就业情况等相联系，其功能是有限的，或者说是有局限的。对于大多数低收入劳动者，特别是那些在非正规部门就业的劳动者、自雇职业者以及农业劳动者，他们要么被完全排除在正式的缴费型养老金制度之外，要么因收入水平较低、就业不稳定而不能满足最低缴费年限的要求，两者都将使得低收入劳动者无法获得基础的养老金。

鉴于缴费型养老金制度在预防老年贫困、降低老年群体贫困发生率方面的功效存在局限性，非缴费型养老金制度可确保一国所有居民都能在老年时获得一定收入保障，不考虑其在职时的收入和职业，这种功能是缴费型养老金制度所不具备的（Willmore，2006）。非缴费型养老金因更有效地针对终身贫困者，以及那些到老年没有足够资源或没有资格领取正式养老金的非正规或正规部门的工人，从而获得一些重要组织和机构的认可（OECD，UNDP，ILO，World Bank，Help Age International 等），并在这些组织和机构的推动下迅速发展起来。实践也证明，各国在进一步增强缴费与养老金待遇给付之间的关联程度的同时，亦更加重视引入各种形式的非缴费型养老金计划，从微观来看非缴费型养老金可以保障老年人基本收入，减少贫困，保障老年人人权，维护老年人尊严；从中观来看可以扩大养老金制度覆盖面，完善社会保障体系；从宏观层面来看对经济增长有促进作用，也可以增进社会和谐。

人人老有所养，是国家发展既定的重要的民生目标，也是我国到2020年时实现人人享有社会保障的十分重要的衡量指标。一些国家的实践表明，以缴费型为主题的基本养老保险制度无论多么发达，无论覆盖面如何广，都不可能真正实现无一遗漏的全覆盖。因为总会有人由于各种原因被遗漏或者被排斥在制度之外。在我国现阶段更是如此，大量年逾60周岁的城乡老年人并未被任何养老保险制度覆盖，他们不可能再通过缴费型的养老保险制度来解决养老问题，而他们中的一部分人又确实需要有养老金才能维持其相应的老年生活，人均预期寿命的持续延长，使这一部分老年人对老年收入保障的需求更加迫切。同时，即使是现在的中青年人，也可能因为自我雇佣、灵活就业、失业、病残等多种原因而未能参加基本养老保险制度，对于这样一部分人，不可能违反基本养老保险制度权利与义务结合原则，将其纳入基本养老保险制度，而是需要另行设计相应的制度安排，帮助他们解决老有所养的问题。非缴费型养老金保护了低收入或者无收入人群不会陷入老年贫穷，也可以填补现行缴费型养老金制度覆盖率上的欠缺，解决了现行多层次养老保险制度对低收入人群的忽视问题，适合我国目前国情：首先，我国就业并不充分，国民收入还不高，低收入人群往往无力缴费而被排除在社会养老保险制度之外。其次，非缴费型养老金并未考虑收入高低和工作性质，管理简便，对于我国更为合适。再次，从发展国家的经验来看，非缴费型的养老保险制度比较适合农村落后地区。巴西、阿根廷等发展中国家也都采用了非缴费型养老金制度。我国目前还有很多的非正式就业人员以及低收入人群，特别是我国农业人口规模庞大，非缴费型养老金能够提高农民收入，减小因资源分配不公而带来城乡收入差别。最后，非缴费型养老金本质上是国家对全体老年国民的转移支付制度，保证了社会公平，与缴费型养老金制度追求效率相统一，体现了我国社会养老保险模式对公平和效率的兼顾，在扩大养老金制度覆盖面、预防老年贫困等方面的作用无可替代。

改革开放40年以来，我国养老保障制度建设取得了突飞猛进的发展，保障水平连续十四年不断提升，有效化解了人民群众的老年经济风险，确保他们切实享受到经济发展成果。然而按照党的十九大报告以及"十三五"规划的要求，我国构建更加公平可持续的多层次养老保障制度任重而道远。当前我国的养老保障制度仍然面临公平性不足、可持续性令人担忧、碎片化严重、制度运行效率不高，有些制度无法保障基本生活，有些制度则偏离了"保基本"的原则。随着我国工业化、城市化和人口老龄化的发展，养老问题面临着很大的压力。在养老保险制度改革的全球化趋势下，我国社会养老保险制度也一直不断地进行探索和改革。而当前大力构建的多层次养老保障体系，从严格意义上讲，我国构建的核心是"保险"而非"保障"。宏观上讲养老保险应该有多层次，但是微观上不一定人人都能够有多层次，灵活就业人员、农民工、农村居民等他们没有能力缴费。因此我国在大力推动第二、第三层次养老保险发展的同时，不应该忽视具有托底功能的基础养老金制度构建，以保障那些低收入和社会弱势群体的基本生活，构筑一道老年收入保障的安全网，以防止老年群体陷入贫困并有助于打破跨代贫困的恶性循环，努力实现养老保险从制度全覆盖到人群全覆盖，从人人享有到人人公平享有。

参考文献

著作

[1] 蔡昉、高文书：《中国劳动与社会保障体制完善与发展道路》，经济管理出版社 2013 年版。

[2] 蔡昉、张车伟主编：《中国人口与劳动问题报告 No. 16："十二五"回顾与"十三五"展望》，社会科学文献出版社 2015 年版。

[3] 陈元刚：《社会保障学教程》，重庆大学出版社 2012 年版。

[4] 陈淑君、李秉坤、陈建梅：《社会保障理论与政策研究》，中国财富出版社 2016 年版。

[5] 国家应对人口老龄化战略研究，人口老龄化与养老保障制度可持续发展研究课题组：《人口老龄化与养老保障制度可持续发展研究》，华龄出版社 2014 年版。

[6] 贡森、葛延风、王雄军等：《建立公平可持续的社会福利体系研究》，社会科学文献出版社 2015 年版。

[7] 贾洪波等：《社会保障概论》，南开大学出版社 2014 年版。

[8][法]卡特琳·米尔丝：《社会保障经济学》，郑秉文译，法律出版社 2003 年版。

［9］林义等：《统筹城乡社会保障制度建设研究》，社会科学文献出版社 2013 年版。

［10］李和中、陈世香等：《走向善治：转型期中国政府社会保障体制优化研究》，武汉大学出版社 2014 年版。

［11］［奥］罗伯特·霍尔茨曼、理查德·欣茨等：《21 世纪的老年收入保障：养老金制度改革国际比较》，郑秉文等译，中国劳动社会保障出版社 2006 年版。

［12］龙朝阳：《中国公共养老金制度模式研究》，知识产权出版社 2009 年版。

［13］上海市老年学学会 ：《2009：老年学论坛文集——青年学者专集》，上海锦绣文章出版社 2009 年版。

［14］宋晓梧：《"十三五"时期我国社会保障制度重大问题研究》，中国劳动社会保障出版社 2016 年版。

［15］王延中：《中国的劳动与社会保障问题》，经济管理出版社 2004 年版。

［16］汪华：《制度效率与社会公平体系分立的社会保险运作效应研究》，华东理工大学出版社 2015 年版。

［17］吴红梅：《包容性发展背景下我国基本养老保险整合研究：基于整体性治理的分析框架》，知识产权出版社 2014 年版。

［18］徐强：《农民社会养老保险制度的公共投入优化研究》，经济管理出版社 2015 年版。

［19］杨健、张金峰等：《转型期我国社会保障体系发展建设研究》，世界图书出版公司 2015 年版。

［20］张思锋、李敏：《满足老年人美好生活需要构建多层次养老保险体系》，《中国科学报》2018 年 11 月 30 日第 7 版。

［21］郑秉文：《中国基本养老保险制度可持续性面临五大风险》，载社保财务丛书编委会编《社保财务理论与实践》第 3 辑，中国财政经济出版社 2011 年版。

［22］郑秉文:《拉丁美洲城市化:经验与教训》,当代世界出版社 2011 年版。

［23］郑功成:《中国社会保障 30 年》,人民出版社 2008 年版。

［24］郑功成:《中国社会保障改革与发展战略（总论卷）》,人民出版社 2011 年版。

论文

［1］陈友华、苗国:《老年贫困与社会救助》,《山东社会科学》2015 年第 7 期。

［2］董克用、孙博:《从多层次到多支柱:养老保障体系改革再思考》,《公共管理学报》2011 年第 1 期。

［3］房连泉:《拉美非缴费型养老金制度对中国农村养老金改革的启示》,《拉丁美洲研究》2014 年第 4 期。

［4］高和荣:《底线公平对西方社会保障公平理论的超越》,《社会科学辑刊》2018 年第 5 期。

［5］高庆波:《墨西哥养老金制度的发展与完善》,《拉丁美洲研究》2014 年第 4 期。

［6］高小玫:《逐步构建全国统一的灵活就业人员社会保险体系》,2018 年 3 月,中国国民党革命委员会中央委员会网站（http://www. minge. gov. cn/n1/2018/0305/c415161 - 29848826. html）。

［7］郭鹏:《国际组织对公共养老保险改革的影响》,《中国劳动关系学院学报》2017 年第 8 期。

［8］韩秉志:《社保应是新业态从业者的必需品》,2018 年 1 月,搜狐网（http://www. sohu. com/a/214725219_ 120702）。

［9］韩维正:《今天,我们如何养老》,《人民日报》海外版 2018 年 7 月 9 日第 5 版。

［10］胡继晔:《国际养老金制度发展的现状与趋势》,《中国

社会保障》2014 年第 4 期。

　　［11］胡继晔：《国际养老金改革对我国的启示》，《中国经济时报》2016 年 12 月 16 日第 A8 版。

　　［12］何文炯：《权责清晰是全国统筹的基础》，《中国社会保障》2018 年第 4 期。

　　［13］何文炯：《老有所养：更加平衡、更加充分》，《国家行政学院学报》2017 年第 6 期。

　　［14］景天魁、杨建海：《底线公平和非缴费性养老金：多层次养老保障体系的思考》，《学习与探索》2016 年第 3 期。

　　［15］李时华：《建立普惠制非缴费型养老金制度 促进农村居民消费》，《消费经济》2010 年第 3 期。

　　［16］李亚军：《印度非缴费型养老金制度发展评述》，《南亚研究季刊》2014 年第 1 期。

　　［17］李樱瑛、张敬一：《哥斯达黎加扶贫工作的经验——"非缴费型养老金计划"述评》，《拉丁美洲研究》2007 年第 6 期。

　　［18］林义：《中国多层次养老保险的制度创新与路径优化》，《社会保障评论》2017 年第 3 期。

　　［19］刘莉：《国际养老金制度改革趋势给我们哪些启示？——基于发达国家的历史考察》，《天津社会保险》2015 年第 5 期。

　　［20］［奥］罗伯特·霍尔茨曼、理查德·欣茨等：《世界银行：二十一世纪的老年收入保障——国际养老保险制度及其改革》，《社会保险研究》2005 年第 7 期。

　　［21］聂爱霞、朱火云：《国际视角下我国非缴费型养老金制度的构建》，《国家行政学院学报》2015 年第 5 期。

　　［22］齐传钧：《拉美社会养老金的精准扶贫与效果分析》，《国际经济评论》2016 年第 6 期。

　　［23］孙洁、孙守纪：《非缴费型养老金计划及其减贫效果比

较研究——美国和加拿大的比较分析》，《学习与实践》2013 年第
8 期。

　[24] 孙守纪、齐传钧：《欧债危机背景下的意大利养老金制
度改革——碎片化养老金制度的分析视角》，《中国地质大学学报》
（社会科学版）2013 年第 4 期。

　[25] 唐俊：《非缴费型养老金制度研究》，博士学位论文，中
国人民大学，2001 年。

　[26] 唐俊：《巴巴多斯首创非缴费型养老金制度的历史与借
鉴——从制度创新的视角》，《拉丁美洲研究》2010 年第 2 期。

　[27] 唐俊：《拉丁美洲享老金制度的成本分析》，《拉丁美洲
研究》2010 年第 5 期。

　[28] 王新梅：《发达国家和地区公共养老金制度》，《中国社
会科学报》2015 年第 872 期 。

　[29] 王新梅：《公共养老金“系统改革”的国际实践与反
思》，《社会保障评论》2018 年第 2 期。

　[30] 席恒：《养老金机制：基本理论与中国选择》，《社会保
障评论》2017 年第 1 期。

　[31] 夏珺、李春根：《基本养老保险全国统筹：理论依据、
实施难点与政策要点》，《地方财政研究》2016 年第 11 期。

　[32] 杨娟：《非缴费型养老金制度研究述评》，《经济学动态》
2010 年第 4 期。

　[33] 杨德清、董克用：《普惠制养老金——中国农村养老保
障的一种尝试》，《中国行政管理》2008 年第 3 期。

　[34] 杨波：《中国农村应引入老年人非缴费型养老金制》，
《国外理论动态》2007 年第 9 期。

　[35] 尹蔚民：《建立更加公平可持续的社会保障制度（学习
贯彻十八届三中全会精神）》，人民网（http：//politics. people.
com. cn/n/2013/1220/c1001 – 23894038. html）。

［36］于环：《芬兰非缴费型养老金制度：变迁与发展》，《欧洲研究》2010 年第 5 期。

［37］张运刚、陈志国：《非纳费型养老保险制度国际比较及其在我国农村的适用性》，《改革》2007 年第 8 期。

［38］郑秉文、齐传君：《社保制度走到十字路口："大一统"还是"碎片化"》，《中国证券报》2009 年 1 月 22 日第 A11 版。

［39］周俊山、尹银：《普惠制非缴费型养老金计划的预测》，《农村经济》2012 年第 12 期。

［40］左学金：《发展和完善五支柱养老保险体制》，《比较》2015 年第 5 期。

［41］《中华人民共和国国民经济和社会发展第十三个五年规划纲要》，新华网（http：//news. xinhuanet. com/politics/2016lh/2016 – 03/17/c_ 1118366322_ 17. htm）。

外文文献

［1］Barr, N. and Diamond, P. A. , "Pension Reform：A Short Guide", Oxford：Oxford University, 2009.

［2］Barrientos, A. , "What is the Impact of Non-Contributory Pensions on Poverty? Estimates from Brazil and South Africa", Chronic Poverty Research Centre Working Paper No. 33, 2003.

［3］Barrientos, A. and Lloyd-Sherlock, P. , "Non-Contributory Pensions and Social Protection", Issues in Social Protection, ILO, 2002.

［4］Barrientos, A. and Lloyd-Sherlock, P. , "Non-Contributory Pension Schemes：A New Model for Social Security in the South?", International Social Security Association, 2003.

［5］Beltrão, K. I. , Pinheiro, S. S. , De Oliveira, F. E. B. ,

"Rural Population and Social Security in Brazil: An Analysis with Emphasis on Constitutional Changes", International Social Security Review, Vol. 57, No. 4, 2004.

[6] Bertranou, F. M., Van Ginneken, W., Solorio, C., "The Impact of Tax-Financed Pensions on Poverty Reduction in Latin America: Evidence from Argentina, Brazil, Chile, Costa Rica and Uruguay", International Social Security Review, Vol. 57, No. 4, 2004.

[7] Charlton, R., "Social Security beyond Pension Reform", Public Finance and Management, Vol. 5, No. 2, 2005.

[8] Dethier, J. J., Pestieau, P., Ali, R., "Universal Minimum Old Age Pensions: Impact on Poverty and Fiscal Cost in 18 Latin American Countries", Policy Research Working Paper, The World Bank, 2010.

[9] Dodlova, M., Giolbas, A. and Lay, J., "Non-Contributory Social Transfer Programmes in Developing Countries: A New Data Set and Research Agenda", Data in Brief, No. 16, 2018.

[10] Gorman, M., "Securing Old Age: The Case for Social Pensions in Developing Countries", Public Finance and Management, Vol. 5, No. 2, 2005.

[11] Hedva Sarfati, "OECD. Pensions Outlook 2014. Paris, Organisation for Economic Co-operation and Development, 2014. 201 pp. ISBN 978 – 92 – 64 – 22090 – 4.", International Social Security Review, Vol. 68, No. 3, 2015.

[12] HelpAge International, "Age and Security", London: HelpAge International, 2004.

[13] Heymann, J. and McNeill, K., "Children's Chances: How Countries Can Move from Surviving to Thriving", Cambridge, MA: Harvard University Press, 2013.

［14］ Holzmann, R., "Global Pension Systems and Their Re-form: Worldwide Drivers, Trends and Challenges", International Social Security Review, Vol. 66, No. 2, 2012.

［15］ Holzmann, R., "The World Bank Approach to Pension Re-form", International Social Security Review 53. 1, 2010.

［16］ Holzmann, R., Richard Hinz and Staff of the World Bank, "Old Age Income Support in the 21st Century: An International Perspec-tive on Pension Systems and Reform", Washington, DC: TheWorld Bank, 2005.

［17］ Holzmann, R., Richard Paul Hinz and Mark Dorfman, "Pension Systems and Reform Conceptual Framework", Social Protection Discussion Paper, No. 0824, The World Bank, 2008.

［18］ Horioka, C. Y., "The Determinants of Saving Rates in the Developed and Developing Economies: The Impact of Social Safety Nets", Japan: National Committee for Pacific Economic Cooperation, 2010.

［19］ International Labour Office, Social Protection Department, "Social Protection for Older Persons: Key Policy Trends and Statistics", Geneva: ILO, 2014.

［20］ International Labour Office, Social Security Department, "World Social Security Report 2010/11: Providing Coverage in Times of Crisis and Beyond", Geneva: ILO, 2010.

［21］ John Bongaarts, "Pensions at a Glance 2015: OECD and G20 Indicators Paris : OECD Publishing, 2015 . 376 p. $54. 00 (pbk.)", Population and Development Review, Vol. 42, No. 2, 2016.

［22］ Johnson and Williamson, "An Assessment of the Importance and Feasibility of Universal Non-contributory Pension Schemes for Low-

Income Countries", Social Protection in an Ageing World, International Studies on Social Security-Volume 13, 2008.

[23] Kawai and GOPasadilla (Eds), "Effects of Social Policy on Domestic Demand: Annual Conference", Tokyo: Asian Development Bank Institute, 2009.

[24] Kildal and Kuhnle, "Old Age Pensions, Poverty and Dignity", Global Social Policy, Vol. 8, No. 2, 2008.

[25] Knox-Vydmanov, C., "The Price of Income Security in Older Age: Cost of a Universal Pension in 50 Lowand Middle-Income Countries", HelpAge International, 2011.

[26] Mulligan, C. B., Shleifer, A., "The Extent of the Market and the Supply of Regulation", Quarterly Journal of Economics, Vol. 120, No. 4, 2005.

[27] OECD, "Pensions at a Glance 2017: OECD and G20 Indicators", Paris : OECD, 2017.

[28] Palacios, R. J. and M. Pallares-Miralles, "International Patterns of Pension Provision", Social Protection Discussion Paper, No. 0009, The World Bank, 2000.

[29] Palacions, Robert and Sluchynsky Oleksiy, "Social Pensions Part I: Their Role in the Overall Pension System", Social Protection Discussion Paper, No. 0601, The World Bank, 2006.

[30] Palacios, Robert, and M. Dorfman, "World Bank Support for Pensions and Social Security", Social Protection & Labor Policy & Technical Notes, 2012.

[31] Reno, V. P. "The Role of Pensions in Retirement Income: Trends and Questions", Social Security Bulletin 56. 1, 1993.

[32] Rudolph, A. and Priebe, J., "Pension Programs around the World: Determinants of Social Pension", Courant Research Centre:

Poverty, Equity and Growth-Discussion Papers, 2016.

[33] R. Rofman, L. Lucchetti and G. Ourens, "Pension Systems in Latin America: Concepts and Measurements of Coverage", World Bank, 2008.

[34] Schrieder, G., & Sharma, M., "Impact of Finance on Poverty Reduction and Social Capital Formation: a Review and Synthesis of Empirical Evidence", Savings & Development, 23 (1), 67 – 93, 1999.

[35] Social Security Administration and International Social Security Association, "Social Security Programs Throughout the World", Washington, DC: Social Security Administration, 2009, 2010.

[36] Turner, John, A., "Closing the Coverage Gap: The Role of Social Pensions and Other Retirement Income Transfers", Journal of Pension Economics & Finance 11. 11, 2012.

[37] United Nations Population Fund (UNFPA) and HelpAge International, "Ageing in the Twenty-First Century: a Celebration and a Challenge", New York: United Nations Population Fund and HelpAge International, 2012.

[38] World Bank, "Averting the Old Age Crisis: Policies to Protect the Old and Promote Growth", Oxford: Oxford University, 1994.

[39] Willmore Larry, "Universal Pensions in Low Income Countries", Initiative for Policy Dialogue, Pensions and Social Insurance Section, Discussion Paper No. IPD – 01 – 05, 2003.

[40] Willmore Larry, "Universal Pensions for Developing Countries." World Development, Vol. 35, No. 1, 2007.

后　记

看着即将完成的书稿，思绪万千，感慨颇多……

出生在农村、生长在农村的我，一直目睹农村大部分六十周岁以上的老年人只要没有丧失劳动能力都没有闲下来，有的干着自家的农活，有的在附近打工，甚至有的在外地干着建筑之类的重体力活……他们都有一个共同的想法，那就是自己攒点零花钱，少给儿女添麻烦，他们的生活让人看了觉得心酸……

虽然我国已经建立了城乡居民社会养老保险制度，已经实现了制度的全覆盖，但每月仅仅88元的基础养老金对农村老人来说杯水车薪，解决不了农村老人基本生活问题。由于生育水平的下降、土地功能的弱化、人口迁移的增加等，家庭提供的养老资源日趋不足。与此同时，中国的老龄化是在较薄弱的社会经济条件下迅速展开的，国家和社会提供的养老资源也非常有限。随着我国人口老龄化的加剧，贫困老人作为老年人口中的"弱中弱"群体，很难通过自身努力摆脱贫困处境。针对当前城乡贫困老年人面临"底线生存"的现状，本专著在全球非缴费型养老金制度改革发展经验的基础上，提出构建我国"国民基础养老金制度"的设想，试图构建一种全覆盖、保基本，既公平公正又可持续发展的普惠式养老金制度，以保障那些低收入和社会弱势群体的基本生活。

书稿写了两年多，期间参加过国内外相关学术会议10多场，每场学术会议都对非缴费型养老金政策研究成果进行了汇报，在这里，对参与会议的专家学者提出的建议表示衷心的感谢；在书稿的撰写过程中，参考了大量的书籍和论文资料，在此谨向有关作者表示感谢和敬意。同时对中国社会科学出版社的编辑们所付出的辛劳深表谢意！

感谢我家中各位亲人的关爱、支持与鼓励！感谢我可爱的女儿，她的茁壮成长使我倍感温馨！你们是我人生最为宝贵的财富，谢谢你们，我爱你们！

由于资料和本人学识的不足，书稿中尚存在一些疏漏和不妥之处，敬请各位专家批评指正。

聂爱霞

2019 年 1 月 8 日